GOLDMANN
ARKANA

*Buch*

Unsere Welt krankt vor allem an einem: Wir denken viel zu viel. Statt das Leben zu nehmen, wie es ist, wie es uns täglich neu und unverwechselbar entgegentritt, verlassen wir uns auf das, was wir planen, kalkulieren, erwarten, aufarbeiten et cetera. Wir versuchen, uns die Wirklichkeit zurechtzukneten, bis wir vor lauter »Vorhaben« nicht mehr zum Handeln kommen. Wir können gar nicht mehr aufhören zu denken, ganz egal, ob dies für uns förderlich ist oder nicht. Giulio Cesare Giacobbe nennt das die Neurose der »Hirnwichserei«, der wir uns im Westen mittlerweile alle verschrieben haben.

Dieser Zeitkrankheit rückt der Psychologieprofessor nun mit pointiertem Witz und unerschöpflichem Fachwissen zu Leibe. Wir erfahren, wie wir positive Hirnwichsereien, zum Beispiel die Besessenheit von kreativen Projekten, zu unseren Gunsten nutzen können, wie die Instinktsteuerung des Menschen zum Phänomen der Hirnwichserei beiträgt und vor allem: mit welchen Methoden wir unsere angeborenen Reaktionen überlisten können, so dass wir das Leben endlich entspannt in seiner ganzen Fülle genießen können. Giacobbe führt uns ein in die uralte Technik der geistigen Präsenz (auch Achtsamkeit genannt), mit deren Hilfe wir dem inneren Gedankenstrom ein für alle Mal »das Maul stopfen«. Zu Recht merkt der Autor an: In Asien, wo diese Methoden zu Hause sind, lächeln die Menschen häufiger als im Westen.

*Autor*

Giulio Cesare Giacobbe hat Philosophie und Psychologie studiert. Nach einer Ausbildung zum Psychotherapeuten lehrt er heute Psychologische Grundlagen der therapeutischen Techniken Asiens an der Universität von Genua.

*Von Guilio Cesare Giacobbe sind bei Arkana außerdem erschienen:*

Zum Buddha werden in 5 Wochen (21777)
Wie Sie ein schönes, reiches Miststück werden (21799)
Wie Sie sich glücklich verheiraten und es ein Leben lang bleiben (21856)

GIULIO CESARE GIACOBBE

# Wie Sie Ihre Hirnwichserei abstellen und stattdessen das Leben genießen

Aus dem Italienischen
von Elisabeth Liebl

sega mentale

GOLDMANN
ARKANA

Die italienische Originalausgabe dieses Buches
erschien 2003 unter dem Titel
»Come smettere di farsi le seghe mentali e godersi la vita«
bei Ponte alle Grazie, Mailand.

MIX
Papier aus verantwortungsvollen Quellen
FSC® C014496

Verlagsgruppe Random House FSC-DEU-0100
Das FSC®-zertifizierte Papier *München Super* für Taschenbücher
aus dem Goldmann Verlag liefert Mochenwangen Papier.

7. Auflage
Deutsche Erstausgabe Mai 2005

Umschlaggestaltung: Design Team München
Umschlagmotiv: Daniele Melani
Lektorat: Anja Schmidt
WL · Herstellung: CZ
Gesetzt aus der Legacy
Satz: KompetenzCenter, Mönchengladbach
Druck und Bindung: GGP Media GmbH, Pößneck
Printed in Germany
ISBN 978-3-442-21716-8
www.arkana-verlag.de

*Meinem Sohn Yuri, der über all diesen Unsinn*
*nur liebevoll-nachsichtig gelächelt hätte.*

# Inhalt

Vorwort
vom Autor höchstpersönlich ........ 9

Kapitel 1 – Wer ist ein Hirnwichser? ........ 15
*Über dieses Buch* ........ 15
*Wenn Sie jemand sehen* ........ 16

Kapitel 2 – Was ist Hirnwichserei? ........ 22
*Mögliche Definitionen* ........ 22
*Die positive Hirnwichserei* ........ 24
*Die negative Hirnwichserei* ........ 29

Kapitel 3 – Natur und Wesen der Hirnwichserei .. 33
*Die Spannung* ........ 33
*Das Denken* ........ 40

Kapitel 4 – Warum wir hirnwichsen ........ 56
*Das Gehirn* ........ 56
*Die zwei Welten* ........ 63

Kapitel 5 – Warum es besser ist,
mit der Hirnwichserei aufzuhören ........ 68

Kapitel 6 – Wie man es anstellt,
mit der Hirnwichserei aufzuhören ..... 70
*Ein kleines Vorwort zwischendurch* ..... 70
*Die Depression* ..... 73
*Geistige Präsenz* ..... 78
*Die Welt* ..... 82
*Meditation* ..... 88
*Der Körper* ..... 94
*Der Geist* ..... 98

Kapitel 7 – Das bewusste Bewusstsein:
Theoretischer Teil ..... 113

Anhang – Was soll ein armer Neurotiker
möglichst obsessiver Prägung
tun, um sein Hirnwichsproblem
in den Griff zu bekommen? ..... 130
*Das Mantra* ..... 130
*Das Mantra ohne Bedeutung* ..... 135
*Das Mantra mit Bedeutung* ..... 138
*Begegnungen* ..... 143

# Vorwort vom Autor höchstpersönlich[1]

Ich habe dieses Buch auf Drängen meiner Studenten geschrieben, die der festen Überzeugung sind, dass man alles, was man sagt, auch schreiben kann. Ihrer Ansicht nach ist das eine Frage der Treue zu sich selbst - wobei junge Leute natürlich aus allem eine Frage des Prinzips machen: Sie haben einfach noch nicht gecheckt, dass dies ein höchst bedenklicher Standpunkt ist.

Ich bin mir nur nicht ganz sicher, welche Motivation hinter ihrem Drängen steckt: der Wunsch, dass meine Ausführungen einem größeren Publikum bekannt werden, oder das Verlangen, mich ein für alle Mal in die Pfanne zu hauen. Vermutlich eher Letzteres. Schließlich haben auch sie ein Recht auf Rache.

---

1 Vermutlich ist Ihnen bereits aufgefallen, dass das Vorwort in »normalen« Büchern von einem Kritiker bzw. von wichtigen Persönlichkeiten verfasst wird, die angeblich »etwas von der Sache verstehen«. Blöderweise war kein Schwanz bereit, sich meinetwegen den guten Ruf zu versauen, indem er ein Vorwort zu diesem Buch mit dem unanständigen Titel verfasst hätte. Also musste ich wohl oder übel selbst Hand anlegen.

Was mich angeht, so werde ich mich dergestalt revanchieren, dass ich schreibe, wie sie reden. In der Hoffnung, dass sie dann endlich merken, wie unglaublich vulgär ihre Ausdrucksweise ist.

Da ich stets bestrebt bin, aus jeder Situation das Beste zu machen, werde ich alles unternehmen, um auch aus dieser Bruchlandung als strahlender Sieger hervorzugehen. Der Trick: Diesem kleinen Werk wurden von Seiten des Autors einige absolute Neuerungen spendiert. So wird dieses Büchlein das erste – und hoffentlich auch das letzte – der Welt sein, das seine Leserschaft sowohl in der männlichen als auch in der weiblichen Form anspricht und daher die etwas anstrengende Schreibweise vom Typ »LeserInnen« verwendet. Das geschieht deshalb, weil ich mich sowohl in die Haut von Männern als auch in die von Frauen hineinversetzen kann[2]. Ich hoffe, dass dieser billige Taschenspielertrick mir wenigstens eine Erwähnung in der Literaturgeschichte einbringt. Was stellt man nicht

2 Natürlich will ich mich vor allem bei den Frauen einschmeicheln, ihre bewundernde Anerkennung erringen (ein alter Männertraum) und so zum ersten Mann auf der Welt werden, den sie nicht als »Macho« beschimpfen (ein moderner Männertraum ohne jede Aussicht auf Verwirklichung). Wenn einige Weibsbilder sich dann immer noch aufregen, dass die Grundform der Wörter trotzdem männlich ist, dann sollen sie mir doch den verlängerten Rücken runterrutschen, diese nervigen Zicken!

alles an, um berühmt zu werden. Die schlimmsten und die dümmsten Dinge! Und sollte ich nur wegen dieses Tricks zu Ruhm und Reichtum gelangen, dann werde ich auch nicht mit dem Schicksal hadern.

Der Titel des Buches stammt übrigens von meinen Studenten. Meine heroischen Versuche, einen anderen Titel zu finden, blieben ohne Erfolg. Es gibt leider keine elegantere Wendung für das, was sich mit »Hirnwichserei« so treffend ausdrücken lässt. Wieder einmal hat die Spontaneität der Jugend Recht behalten. Viele Verleger, denen ich mein Buch geschickt habe, teilten mir mit, dass der Titel schlicht vulgär sei und sie das Buch nicht veröffentlichen würden, sollte ich ihn nicht stehenden Fußes ändern. Doch, meinem Wort gegenüber meinen Studenten und der Liebe zur Volkssprache verpflichtet, habe ich geschworen: Ich werde diesen Titel nicht ändern, nicht einmal, wenn man mir eine Panzerfaust ins Maul stopft und droht, sie abzufeuern[3]. Bei einer altertümlichen Kanone würde ich die Sache allerdings noch einmal überdenken.

Schließlich hat sich doch noch ein mutiger Verleger gefunden.

Natürlich könnte man angesichts des Titels in diesem Buch eine Sammlung von Schweinigeleien vermu-

3 Natürlich fragen Sie sich jetzt völlig zu Recht: »Wie groß ist die Klappe von dem Typ?«

ten. Weit gefehlt. Tatsächlich halten Sie hier ein *praktisches Handbuch zur eigenverantwortlichen Vorbeugung und Heilung* von Neurosen in Händen, das mit psychologischen Techniken östlicher Provenienz wie Yoga und Zen arbeitet[4]. Und das ist ja schließlich eine mehr als seriöse Materie, oder?

Ich habe diesen »ernsthaften« Titel verworfen. Bücher, bei denen schon auf dem Umschlag steht, dass sie von der superseriösen Sorte sind, bei denen man lernt, im Do-it-yourself-Verfahren seine heiß geliebten und sorgsam gehätschelten Neurosen zu heilen, kauft mit absoluter Sicherheit kein Mensch. Daher hoffe ich, dass Sie nicht zu diesen neunmalklugen LeserInnen gehören, die - bevor Sie ein Buch kaufen - das Vorwort lesen. Denn wenn dem so ist, bin ich am Arsch.

Also warten Sie doch bitte einen Moment, bevor Sie es wieder zur Seite legen[5]. Bitte überlegen Sie es sich noch einmal! Vielleicht machen Sie gerade den größten Fehler Ihres (und meines) Lebens. Dieses Büchlein

4 Ernsthaftere Menschen als ich sehen im Zen-Buddhismus eine Form der Psychotherapie, vergleichbar der Psychoanalyse (zweifellos die ernsthafteste - und tragischste - Form der Psychotherapie!). Siehe: Fromm E., Suzuki D. T., De Martino R., *Zen-Buddhismus und Psychoanalyse*, Frankfurt a. M. (17) 1995.

5 Auch diese kniefällige Bitte des Autors an den Leser, ihn doch zu lesen, könnte mich literarhistorisch unsterblich machen. Vielleicht komme ich ja ins Guinness Buch der Primärfälle. Der literarischen natürlich, nicht der medizinischen!

bietet Ihnen nämlich die Chance, eine Reihe interessanter Preise zu gewinnen[6].

Sollten Sie das Buch hingegen bereits käuflich erworben haben und nach Lektüre des Vorworts, von nacktem Grausen gepackt, den mächtigen Impuls verspüren, selbiges Werk nach ein paar deftigen Kraftworten in Richtung Autor im Mülleimer zu versenken[7], dann sag' ich nur so viel: Das geht mir echt am Arsch vorbei, ey, die Kohle hast du ja schließlich schon abgedrückt, Alte/r ...

Vielmehr spekuliere ich auf die natürliche Bosheit der menschlichen Spezies: Wenn Sie nämlich erst feststellen, dass die Lektüre dieses Büchleins richtiggehende Depressionen hervorrufen kann, stürzen Sie vermutlich in die nächste Buchhandlung, um ein paar weitere Exemplare zu erstehen. Und sich so richtig an all Ihren Freunden zu rächen, die Ihnen jahrelang Gefallen um Gefallen getan haben, nur damit Sie sich

6 Wie Sie sehen, habe ich die Marketingtricks der Waschpulverwerbung kopiert, ohne auch nur einen Euro auszugeben. Schlau, nicht? Wenn Sie nämlich zu jenen Verbrauchern gehören, die Tonnen von Käse essen, der aus Schweinefüßen hergestellt wird, oder Mayonnaise aus Maschinenöl, nur um am Ende die vielen Sammelpunkte an eine Poststelle irgendwo in der Sahara zu schicken, dann ist dies genau das richtige Buch für Sie. Sie werden sich köstlich amüsieren!

7 Wozu ich schließlich viel mehr Grund hätte als Sie! Und außerdem: Haben Sie keinen Papierkorb wie jeder vernünftige Mensch?

so richtig in ihrer Schuld fühlen müssen. Das mit den Gefälligkeiten ist ohnehin eine ganz üble Sache! Und erst die Genugtuung, wenn ein Neurotiker den anderen Spinner nennt. Denn je neurotischer man ist, desto sublimer das dabei empfundene Vergnügen! Natürlich sagen Sie das den Leuten nicht ins Gesicht. Schenken Sie ihnen einfach – sozusagen in bester Absicht – dieses Buch! Und schon haben Sie eine klare Botschaft gesendet: »Tu was für deinen Geisteszustand. Du bist nämlich ganz schön gaga.« Echt geil!

Sollte tatsächlich jemand irgendeinen Vorteil aus der Lektüre dieses schmalbrüstigen Werkes[8] ziehen, dann möge er doch bitte eine großzügige Spende an das »Komitee zur Unterstützung hilfsbedürftiger Autoren von Handbüchern zur Beendigung von Hirnwichsereien« schicken, c/o G. Giacobbe. Der Spender sei herzlich bedankt.

8 Um es während einer wichtigen Besprechung unter den Allerwertesten zu legen und damit die eigene Wirkung zu vergrößern, weist es leider nicht den erforderlichen Umfang auf. Ordentlich angewärmt und auf den Bauch gelegt kann es allerdings Verdauungsstörungen positiv beeinflussen. Unter die Achsel geklemmt bewirkt es, dass Furunkel, Abszesse, Pickel und Hühneraugen schneller aufgehen bzw. abfallen. (Hühneraugen unter den Achseln sind zwar eher selten, dafür aber sehr schmerzhaft.)

Kapitel 1

# Wer ist ein Hirnwichser?

## Über dieses Buch

Wie Sie aus dem Titel dieses Buches schließen können, geht es hier vornehmlich darum zu lernen, wie man mit der Hirnwichserei aufhören und sein Leben stattdessen genießen kann. Denn um das Leben zu genießen, müssen Sie nur eines tun: Schluss machen mit der Hirnwichserei. Eigentlich ganz klar, oder? Da unsere Sorgen ausschließlich mentaler Natur sind, müssen wir sie einfach nur abstellen.

Aber wollen Sie das denn wirklich? Wollen Sie das Leben wirklich in vollen Zügen genießen? Das ist keine dumme Frage: Es gibt nämlich irregeleitete Zeitgenossen, die sich im Unglück regelrecht suhlen und stocksauer werden, wenn man sich erdreistet, sie davon abhalten zu wollen. Wenn Sie nicht zu dieser Sorte Mensch gehören, zu den Masochisten nämlich, dann können Sie jetzt beruhigt weiterlesen: Für Sie wird dieses Buch sich noch als sehr nützlich erweisen.

Sind Sie hingegen Masochist, legen Sie es trotzdem nicht weg: Ein Buch zu lesen, das für Sie völlig wertlos ist, ist doch schon eine ganz passable Selbstquälerei. Wenn Sie sich so richtig fertig machen, indem Sie all die klugen Ratschläge nicht in die Praxis umsetzen, dann wächst das Lustempfinden geradezu ins Unermessliche. Und all diese köstlichen Qualen werden Ihnen ohne die Hilfe anderer Menschen zuteil, die ja doch immer irgendetwas dafür wollen, manchmal sogar etwas ganz und gar Unsägliches.

Mir ist es ohnehin schnurz, ob Sie weiterlesen oder nicht. Schließlich haben Sie das Buch schon gekauft. *Verleihen* allerdings kommt nicht in Frage! Lassen Sie auch andere Leute in ihr Unglück rennen – falls diese sich partout weigern, es zu erwerben, gibt es immer noch die Möglichkeit, dass Sie eines kaufen und es ihnen schenken – und genießen Sie den Gedanken, dass diese masochistisch genug veranlagt sind, um es zu lesen.

So wie Sie.

## Wenn Sie jemand sehen ...

Wenn Sie jemand sehen, der mit schlafwandlerischem Blick, steifem Nacken und schlaff herabhängenden Armen durch die Welt pilotiert, müssen Sie sich nicht fürchten: Sie haben nicht etwa den neuesten Roboter der NASA vor sich, irgendeinen geheimen Prototypen, an dem seit Jahrzehnten im Geheimen gebastelt wird. Auch keinen Zombie oder ein armes »Entführungsopfer« außerirdischer Mächte. Nicht einmal den hirnversehrten Komparsen eines Horrorfilms, der sich unerlaubterweise vom Set entfernt hat: Nein, hier sehen Sie eine der zahllosen Gestalten vor sich, die sich der fatalen Anziehung des eigenen Denkens nicht entziehen können.

Wenn Sie mit einem Typen ausgehen, der Sie wie hypnotisiert anstarrt, während Sie reden, doch sobald Sie ihn vorsichtig fragen, was er denn eigentlich dazu meine, nur peinlich berührt vor sich hin stammelt, dann geben Sie sich bloß keinen Illusionen hin: Der Kerl ist nicht etwa verknallt (was natürlich auch gilt, wenn Sie ein Mann sind, falls Sie überhaupt irgendein Geschlecht haben) – weder in Sie noch in Ihre faszinierenden Gedankengänge. Vermutlich leidet er auch nicht an beidseitiger Gehirnlähmung oder ist autistisch veranlagt – es sei denn, Sie sind unverschämt reich und haben einen dieser Auto-Spezialisten, gemeinhin als Chauffeur bezeichnet, um Ihren Ferrari zu fahren. Oder bringe ich da etwas durcheinander? Nein, er gehört ganz einfach zu den Besessenen.

Wenn Ihre Freundin Sie »Mistkerl« nennt und

schreit, dass zwischen Ihnen jetzt definitiv alles aus sei, weil sie in Ihrer Tasche eine abgestempelte Fahrkarte der Pariser Metro gefunden hat (Wenn sie in den Taschen wühlen, sollte man sie ja eigentlich erschießen!) und weil Sie ihr nicht gesagt haben, dass Sie nach Paris fahren, wo sie doch noch nie in Paris war und schon gar nicht mit Ihnen, dann: Glauben Sie bloß nicht, dass Sie wirklich ein Mistkerl sind oder dass es zwischen Ihnen nun tatsächlich endgültig vorbei ist. (Mit solchen ist es nämlich nie vorbei, ganz egal, was Sie tun oder sagen!) Sie ist nämlich keineswegs das bedauernswerte Opfer Ihres männlichen Zynismus' und Ihrer abgrundtiefen Schlechtigkeit: Sie gehört schlicht ebenfalls zu den Besessenen.

Wenn jemand Ihnen den Abend ruiniert, wo Sie sich doch das Video hätten reinziehen können, das Sie sich vor mehr als einem Jahr von einem Freund ausgeliehen haben, der Sie bei jedem zufälligen Treffen nervt, weil er es unbedingt zurückhaben will ... Oder wo Sie sich endlich einmal die Haare mit geschlagenem Eigelb hätten waschen können, weil Ihre Freundin gesagt hat, dass das hinterher ganz super aussieht ... Oder da Sie sämtliche Tabakläden der Umgebung hätten abklappern können, nur um sie alle geschlossen zu finden ... Oder sonst irgendetwas Nützliches oder Interessantes hätten tun können ... Wenn Ihnen stattdessen jemand den Abend ruiniert, weil er Ihnen – ohne auch nur ein winziges Päuschen für ein Bier oder einen Toast zu lassen (nicht einmal auf Ihre Rechnung) – erzählt, wie übel das Leben ihm/ihr mitgespielt habe, weil er/sie sich doch vor vielen Jahren in diese einzigartige Person verliebt habe, die seine/ihre Liebe nicht einmal erwidert habe, er/sie aber habe diese Person über alles geliebt, denn so sei er/sie nun einmal in der Liebe: Er/sie wolle immer alles oder nichts! (Ein Satz von nicht zu überbietender Inhaltslosigkeit!) ... Noch heute erinnere er/sie sich daran, wie er dieser Person die Zehennägel geschnitten habe, auch wenn diese Person das gar nicht gewollt habe, er/sie aber finde einfach, dass wahre Liebe sich erst in den kleinen Dingen des Alltags zeige, zum Beispiel beim Ausdrücken von Mitessern, was die entsprechende Person immer mit bissigen Kommentaren abgelehnt habe, weil hinterher ja doch nur alles entzündet sei, dabei sei das gar nicht wahr, denn wenn man den Mitesser schön an der Wurzel erwischt und alles Gelbe ordentlich rausdrückt, dann gibt es am Ende nämlich keine Entzündung oder jedenfalls fast keine ... Schließlich habe er oder sie auch keine Pickel, dabei habe er oder sie sich diese immer ausgedrückt, nicht alle natürlich, denn wie soll man an die am Rücken herankommen, jedenfalls habe die Person sich damals schon geweigert, ihm oder ihr die Pickel auszudrücken, die er/sie nicht erreichen konnte, so gemein und egoistisch sei sie gewesen ... Jedenfalls hätte es einiges zu sagen gegeben und er/sie könnte sich heute noch wohin beißen, weil er/sie genau das nicht getan habe ... Wenn Sie je einen Abend mit solch einem bzw. einer Er/Sie verbringen müssen, glauben Sie ja nicht, Sie hätten es mit einem liebeskranken Wesen zu tun, dem das Leben übel mitgespielt habe: Es handelt sich dabei nur um ein weit verbreitetes Exemplar der Gattung Hirnwichser.

Stellen Sie sich vor, jemand vergräbt sich den ganzen Tag zu Hause und zermartert sich das Gehirn, um herauszufinden, wie er es wohl anstellen soll, eine Arbeit zu finden, und wie schwierig das Leben doch sei bzw. ob sie jetzt heiraten solle oder nicht, wo sie doch für die Ehe eigentlich nicht geschaffen sei, und erst Kinder, lieber Himmel, Kinder, das sei doch wirklich eine Aufgabe, sie habe ja eigentlich Kinder gern, doch wie soll man denn heute noch Kinder erziehen, und wenn sie dann erst anfangen, Drogen zu nehmen oder zu Verbrechern werden? Und überhaupt, woher einen Mann nehmen und nicht stehlen, bei den blöden Typen, die heute so herumlaufen? Denn Kompromisse kämen für sie ja nicht in Frage: Ganz oder gar nicht, das sei ihre Devise! Schließlich wolle sie etwas aus ihrem Leben machen. Und außerdem könne sie nicht dauernd in Unsicherheit leben, denn Unsicherheit mache ihr Angst, Angst vor der Zukunft, deshalb gehe sie auch nicht gern aus, denn vielleicht geschähe dann genau das, wovor sie so Angst habe, denn man wisse ja, wie das Leben sei, immer komme es noch schlimmer, wo das Unglück einmal hinfällt, da schlägt es auch ein zweites Mal ein. So sei es ihr schon als Kind gegangen, immer vom Pech verfolgt. Wenn irgendwo etwas Schlimmes passiert sei, dann habe es garantiert sie erwischt, daher habe sie schon überlegt, ob sie sich nicht einmal die Karten legen lassen solle, doch die Kartenlegerin, bei der sie vorgestern gewesen sei, habe sie wirklich nicht sonderlich überzeugt. Glauben Sie nur ja nicht, dass es sich bei dieser Dame um eine genetische Mutation handle, eine spezielle Abart der menschlichen Rasse, entstanden durch natürliche Selektion zum Behufe der Lebenssicherung für Kartenleger, Zukunftsdeuter und ähnliche Zeitgenossen – auch wenn darin natürlich ein Körnchen Wahrheit steckt. Selektion und Genetik haben damit nichts zu tun: Die Dame ist nichts weiter als eine begabte Hirnwichserin.

Kapitel 2

# Was ist Hirnwichserei?

## Mögliche Definitionen

Stellen wir zunächst einmal klar: Hirnwichserei ist etwas völlig Natürliches. Wenn Sie zur Gruppe der Hirnwichser gehören, sind Sie weder ein Ungeheuer noch über die Maßen dämlich[9]. Wir sind alle Hirnwichser.

Wissenschaftler gehen davon aus, dass man zuerst eine ordentliche Definition braucht, wenn man etwas richtig begreifen will. Das sollen sie mir mal vorführen, zum Beispiel an meiner Cousine Caterina. Der gebildete Leser, so ein solcher sich überhaupt zwischen die Seiten dieses Buches verirrt, wird vermutlich gegen eine wissenschaftliche Definition des Begriffes Hirnwichserei nichts einzuwenden haben:

9 Ja, ich weiß. »Dämlich« kommt von »Dame«. Da können Sie mal sehen, wie schwierig es ist, in Büchern auch nur den Anschein von Sexismus zu vermeiden.

*»Hirnwichserei« nennt man Gedanken, die keinerlei Bezug zur Realität haben.*

Gestützt auf diese Definition glauben Sie jetzt wohl, dass Sie sich noch nie mental einen runtergeholt haben. Das ist ein geradezu klassisches Beispiel für Hirnwichserei.

Natürlich hängt hier alles davon ab, wie man den Begriff »Realität« definiert. Meine Definition dieses Begriffes ist ohnehin die einzig reale, wie Ihnen jeder beliebige Flachlandbauer bestätigen wird.

*Realität ist unser Körper und dessen unmittelbare physische Umgebung.*

Sie finden diese Definition etwas zu materialistisch? Nun ja. Da haben Sie wohl Recht. Aber was ist gegen ein wenig Materialismus einzuwenden? Real ist der Materialismus jedenfalls. Wenn Sie jedoch den Mut haben, dies als Realität zu akzeptieren, dann haben Sie auf dem Weg zum Ende der Hirnwichserei und zum vollen Lebensgenuss – immer vorausgesetzt, dass Sie das Buch zu diesem Zweck lesen, auch Masochisten lesen nämlich gern – schon die halbe Strecke hinter sich gebracht.

Normale Menschen (wie ich zum Beispiel oder der Klempner aus Buxtehude, den ich letzte Woche beim

Pilzesammeln kennen gelernt habe) wissen nur zu gut, dass dem so ist. Neurotiker allerdings, damit meine ich Hysteriker, Neurastheniker, Phobiker, Depressive, Schizoide, Paranoide und was es da sonst noch gibt, also letztlich alle anderen, sind fest davon überzeugt, dass die Wirklichkeit in ihrem Kopf stattfindet. Es ist zum Verrücktwerden. Und genau das tun sie dann ja auch. Was das Ungleichgewicht noch stärker verschiebt. Denn die Neurotiker sind, absolut gesehen, einfach in der Überzahl.

## Die positive Hirnwichserei

Nicht jede Form der Hirnwichserei ist schädlich: Es gibt auch positive Hirnwichsereien. Wenn man Sie zu einer Gartenparty in einem Schützengraben des Karstgebirges einlädt und Sie merken plötzlich, dass rund um Sie der 1. Weltkrieg am Laufen ist, dass es keine Snacks vom Caterer gibt, der Martini nach Pulverdampf schmeckt und Sie obendrein noch Hunger und Durst verspüren bzw. eine Todesangst, von einem der rundherum auf der Lauer liegenden Heckenschützen – die natürlich, entgegen ihrem Namen, nicht hinter einer Hecke, sondern in den anderen Gräben lauern – zwischen die Augen getroffen zu werden, während der Hausherr darauf besteht, dass Sie mindestens noch bis nächstes Jahr bleiben (Ist das nicht ein Superbeispiel für eine misslungene Party? Oder für eine schwierige Umweltsituation?), was unternehmen Sie dann, um der Spannung HerrIn zu werden, die sich Ihrer mit Gewalt bemächtigt? Als Mann denken Sie an Ihre Frau (nackt) und Ihre Kinder (angezogen), die Sie zu Hause mit ausgestreckten Armen erwarten. Als Frau hingegen denken Sie an Ihren Mann (angezogen) und Ihre Kinder (nackt), die zu Hause mit ausgestreckten Armen auf Sie warten. Wieso Frauen wohl immer alles genau verkehrt herum machen müssen, würde ich zu gern mal in Erfahrung bringen. (Andererseits: Wie groß ist die Wahrscheinlichkeit, als Frau in einer Schützengrabenparty im Karstgebirge zur Zeit des 1. Weltkriegs zu landen? So viel zum Thema »Chancengleichheit«!) Jedenfalls verschafft dieser Gedanke Ihnen vorübergehend Erleichterung. Natürlich ist auch das Hirnwichserei. Ohne jeden Zweifel. Aber da sie positiv wirkt, ist sie von der wohltuenden Sorte.

Daher wollen wir Folgendes definitorisch festhalten:

*Hirnwichsereien mit wohltuender Wirkung sind positiv.*

Eine Sonderform der positiven Hirnwichserei ist das schöpferische Denken. Kunst, Wissenschaft, Philosophie sind nichts anderes als positive Hirnwichsereien.

Die wirkliche Welt behagt Ihnen nicht? Nichts leichter als das. Erfinden Sie sich eine, in der Sie wie Gott in Frankreich leben. Natürlich ist auch dies letztlich nichts anderes als Realitätsflucht. Aber immerhin ist sie nicht von schlechten Eltern!

Dabei genießen wir das Leben. Es geht uns gut. Die Hirnwichserei verschafft uns Erleichterung. Also ist sie, zumindest was uns betrifft, positiv.

Hier ist allerdings Vorsicht geboten: Hirnwichsereien sind wie Pilze. Bestimmte Sorten können tödlich sein. Andere sind zwar nicht tödlich, sorgen aber – in größeren Mengen genossen – für erhebliches Bauchgrimmen.

Was ist von einem Menschen zu halten, der sich in seinen Tagträumen verliert – auch wenn sie eindrucksvolle Kunstwerke, tief greifende wissenschaftliche Entdeckungen oder philosophische Ideen hervorbringen – und sich so immer stärker von der ihn umgebenden Welt entfernt? Wie unterscheidet solch ein Mensch sich von einem Drogensüchtigen?

Natürlich ist so ein Leben toll. Allerdings dürfen Sie in diesem Fall auch nicht erstaunt sein, wenn Sie eines Tages aus Ihrem Traum erwachen und feststellen, dass Sie es ohne die Hilfe eines Fotos nicht schaffen, sich das Aussehen Ihrer Kinder ins Gedächtnis zu rufen. Wenn Sie feststellen, dass Sie keinen einzigen Freund haben, dafür aber schlechten Atem, ein nicht existentes Sexualleben und dazu auch noch Verstopfung[10].

10 An dieser Stelle habe ich auf grammatische Doppelgeschlechtlichkeit verzichtet, weil es vor allem die Männer sind, die sich mit Hilfe solch positiver Hirnwichsereien wie Kunst, Wissenschaft und Philosophie aus der Wirklichkeit davonschleichen. Daher leiden auch mehr Männer als Frauen unter Verstopfung, also unter dem Sich-in-sich-selbst-Verschließen. Die Damenwelt hingegen leidet meist unter Dickdarmentzündung, also unter der explosiven Entleerung in die Umwelt. Frauen reden zum Beispiel viel, meist sogar viel zu viel. Ich kenne beides und kann beim besten Willen nicht sagen, was besser ist. Wenn Sie eine Reise in tropische Gefilde planen, ist die Verstopfung im Handgepäck natürlich praktischer, weil Sie sich Unmengen Geld für Durchfallmittel sparen. Wobei man diese Pillen ja ohnehin meist mit sich herumschleppt und sie schließlich in den Mund steckt, damit sie nicht dauernd in der Tasche herumkullern, was letztlich dazu führt, dass man mit Sicherheit die ohnehin präferierte Verstopfung bekommt. Die Darmentzündung hingegen ist am nützlichsten bei der Musterung. Am besten sollte man dort gar nicht aufkreuzen, denn an Menschen mit Darmentzündung, so genannten Dyspepten (bzw. Despoten), herrscht beim Militär ein ungeheurer Bedarf. Auf jeden Fall haben Sie während des Wehrdienstes immer ein interessantes Gesprächsthema, gewinnen auf diese Weise leicht Freunde und Sie wissen ja: Freunde aus der Militär- bzw. der Schulzeit vergisst man nie. Wenn ich allerdings jetzt so darüber nachdenke, kommen mir doch ernsthafte Zweifel, ob es wirklich so gut ist, Freunde zu haben, die einem auf ewig unvergesslich bleiben – wenn man von dem Sonderfall eines langen Gefängnisaufent-

Freilich: Irgendjemand muss sich ja schließlich opfern, um der Menschheit ihr intellektuelles Erbe zu erhalten und es weiterzutragen[11], doch in sozialer Hinsicht ist das Resultat solchen Engagements meist deprimierend.

Also Vorsicht: Sie können sich ja ruhig der Kunst, der Wissenschaft oder der Philosophie verschreiben, sollten dabei aber nicht den Kontakt zur Realität ver-

haltes einmal absieht, bei dem man weiter nichts zu tun hat und deshalb verzweifelt irgendetwas sucht, woran man denken kann, um nicht zu werden wie die Matratze oder der Nachttopf. Alles in allem würde ich also den Freunden der Darmentzündung dringend empfehlen, sich einsperren zu lassen, um die Vorzüge dieses Zustands in vollen Zügen genießen zu können. (Natürlich steht davor der Militärdienst, sonst stürzt das ganze System in sich zusammen.) Ein Risiko allerdings ist dabei zu berücksichtigen: Natürlich könnten Sie auch im Gefängnis Freunde kennen lernen, die Ihnen auf ewig unvergesslich bleiben werden. Wie die Freunde aus Krankheitstagen, aber jetzt wird's schön langsam gigantomanisch. Wenn Sie also nicht unter Größenwahn leiden und mir auch nicht einfach nur beweisen wollen, dass ich Unrecht habe, dann sollten Sie das Ganze lieber sein lassen. Summa summarum lässt sich jedenfalls sagen: Ich persönlich ziehe die Verstopfung vor. Da hat man wenigstens etwas in der Hand (oder anderswo).

11 Zumindest ist dies die offizielle Ausrede, welche die meisten Männer vorbringen, um ihre Neigung zu positiven Hirnwichsereien künstlerischer, wissenschaftlicher und philosophischer Natur zu rechtfertigen. Die Frauen (und ich mit ihnen) sind ohnehin der Auffassung, dass mit dem männlichen Hirn irgendetwas Entscheidendes nicht stimmt.

lieren. Außerdem scheint es, dass die einzelnen Disziplinen von diesem Kontakt profitieren[12].

Kunst, Wissenschaft und Philosophie gehören tatsächlich zu den wenigen Beispielen gelungener Hirnwichserei. Leider ist das die Ausnahme. Die anderen Hirnwichsereien nämlich sind wirklich schrecklich – und vor allem *schädlich*.

## Die negative Hirnwichserei

Die negative Hirnwichserei lässt sich im Gegensatz zur positiven wie folgt definieren:

*Hirnwichsereien mit schädlicher Wirkung sind negativ.*

Wie aber könnte man den Prozess der negativen Hirnwichserei beschreiben? Als der Mensch sich endlich zum zivilisierten Wesen entwickelte, hat er zwar die physi-

12 Dem schopenhauerschen Beispiel sollten Sie lieber nicht folgen. Als seine Studenten ihn darauf aufmerksam machten, dass sein philosophisches System der Wirklichkeit nicht entspreche, antwortete er: »Umso schlimmer für die Wirklichkeit!« und riskierte mit dieser Aussage, dass ihm seine Studenten davonliefen. Ich hingegen betreibe an der Universität vor allem realistische Philosophie, weil ich gern schrecklich viele Studenten habe. Und das ist in meinen Augen das einzig vernünftige Motiv, um Philosophie zu betreiben.

schen Gefahren seiner Umwelt in den Griff bekommen, dabei aber weit gefährlichere Feinde in seinem Kopf geschaffen. Sein Ich hat sich von seinem Körper - bis dato seine einzige Wirklichkeit - auf eine ganze Reihe von Rollenbildern und Vorstellungen ausgedehnt. Auf Symbole also, die alles andere als real sind.

So fühlen wir die Integrität unseres Ich in mehr oder weniger starkem Maße bedroht, wenn »Bestandteile« unseres Lebens in Gefahr sind: Ehefrau, Kinder, Bankkonto, Auto, Fernsehgerät, Job, Freunde, Mittagsschläfchen, Hund, Eltern, Ruf, Gesundheit, Ehre, Lieblings-Fernsehserie, Leistungsfähigkeit (bei Männern vor allem sexueller Natur), Unberührtheit (bei Frauen vor allem sexueller Natur), Rechtschaffenheit, Intelligenz, sozialer Status und so weiter und so fort[13].

Unser Ich ist mittlerweile ganz schön aufgebläht. Gigantisch. Wie eine dieser Kletterpflanzen, die alles um sich herum erstickt. Je mehr Dinge und Beziehungen jemand sein Eigen nennt, je reicher und mächtiger dieser Jemand also ist, desto aufgeblähter zeigt sich sein symbolisches Ich[14]. Klar ist jedoch auch, dass das Ich,

---

13 Eine ausführlichere Auflistung finden Sie in *Meyers Großes Konversationslexikon*.

14 Woraus sich schließen lässt, dass man umso mehr leidet, je reicher und mächtiger man ist. Das ist ganz offensichtlich richtig. Ganz offensichtlich richtig ist aber auch, dass diese Tatsache nur die wenigsten Menschen davon abhält, dies anzustreben.

je größer, desto verletzlicher ist. Einen Soldaten zu erschießen fällt ja auch leichter, wenn man ein ganzes Regiment vor sich hat und nicht nur einen einzigen armseligen Uniformträger. Das Resultat: Wir fühlen uns ständig in irgendeinem Teil unseres symbolischen Ich angegriffen.

Reale Angriffe auf unseren Körper sind mittlerweile eher rar geworden. Unser Alarmsystem aber unterscheidet nicht zwischen echten physischen und symbolischen Aggressionen, die wir nur als solche empfinden. Das liegt daran, dass es von einem Impuls aktiviert wird, der direkt aus dem Gehirn kommt und keineswegs von der Außenwelt. Und unser Gehirn betrachtet symbolische Angriffe unweigerlich als Aggression. Mit allen Konsequenzen.

Daraus folgt, dass wir ständig unter Spannung stehen. Und diese Spannung erleben wir als *Leiden*. Wir leiden also ständig. Wir sind unglücklich. Leiden, so meinte der Buddha, durchzieht unser ganzes Leben, so dass es zum entscheidenden Merkmal der gesamten menschlichen Existenz wird. Der Grund für dieses Leiden ist unsere Identifikation mit den Symbolen des Ich. Und eben das ist der Mechanismus, welcher der Hirnwichserei zu Grunde liegt. Genauer gesagt, der negativen Hirnwichserei. Deren innere Struktur wir an diesem Punkt genau erkennen können, was uns erlaubt, unsere Definition zu vervollständigen:

*Die schädliche Hirnwichserei besteht in der Identifikation mit dem Ich und seinen Symbolen sowie im dadurch hervorgerufenen Leiden. Das Leiden wiederum entsteht, sobald wir eines dieser Symbole, die wir auf das gesamte Ich ausdehnen, bedroht sehen.*

Kapitel 3

# Natur und Wesen der Hirnwichserei

## Die Spannung

Wenn Sie dieses Kapitel in der Hoffnung aufgeschlagen haben, Aufklärung darüber zu erhalten, wie man sich mental so richtig einen runterholt, so muss ich Sie enttäuschen. Unser Thema hier ist die innere Beschaffenheit der Hirnwichserei, nicht deren praktische Ausübung. Schauen Sie beim nächsten Mal etwas genauer hin.

Wenden wir uns nun der klassischen Form der Hirnwichserei zu, zerpflücken sie in ihre Bestandteile und stellen fest, woraus sie sich im Wesentlichen zusammensetzt.

Fragen Sie einen typischen Hirnwichser, ob er glücklich ist, wird er mit Nein antworten. Er wird Ihnen anvertrauen, dass er schrecklich unglücklich ist und fürchterlich leidet. Und tatsächlich ist das, worunter wir leiden, nur ganz selten körperlichen Ursprungs, ganz im Gegenteil: Leiden entsteht in den allermeisten

Fällen im Kopf. Und zwar durch Onanie. Geistige Onanie natürlich.

Hirnwichserei verursacht also negative Gefühle. Mit anderen Worten: *Leiden*. Wenn Sie klug sind (und als Käufer dieses Buches sind Sie klug: Zufrieden?), wird Ihnen das als Antwort nicht reichen. Dann wollen Sie mehr über den Mechanismus der Hirnwichserei und des Leidens im Allgemeinen wissen.

Was also ist Leiden? Physiologisch gesehen äußert sich sowohl geistiger als auch körperlicher Schmerz als *Kontraktion einzelner Muskelpartien* im Körper. Diese Muskelkontraktionen werden von *elektrischen Ladungen* verursacht, die von den Nervenzellen an die Muskelzellen weitergeleitet werden. Die Erregung der Nervenzellen wiederum entsteht im Gehirn. Im Gehirn also fällt letztlich die Entscheidung, ob die Spannung, mit der körperlicher und seelischer Schmerz unweigerlich verbunden ist, aktiviert wird oder nicht.

Vermutlich schießt Ihnen jetzt ein Gedanke durch den Kopf: »Was ist denn das für ein blödes System? Wieso muss ich mir selbst wehtun?« Also Kinder[15], mittlerweile werdet ihr doch wohl schon gemerkt haben, dass alles auf dieser Welt seinen Grund hat.

---

15 Verzeihung, wenn ich hier solch einen väterlichen Ton anschlage, aber mittlerweile habe ich endlich ein Alter erreicht, in dem ich dies ungestraft tun kann: Ich habe die Vierzig überschritten. Und das wollte ich doch endlich einmal ausnutzen.

Versetzen Sie sich einmal in die Lage der großen Schöpfergottheit. Als solche/r sehen Sie sich vor die Aufgabe gestellt, etwas zu erfinden, das unter bestimmten Umständen ebenso bestimmte Reaktionen bei etwas anderem auslöst. Zu viele »etwas« und »bestimmt«? Gut, versuchen wir es andersherum. Stellen Sie sich vor, Sie hätten einen Torfkopf erschaffen, der sich vom erstbesten Tiger fressen lässt, der gerade des Weges kommt. Was wäre das Resultat dieses kleinen Zwischenfalls? Ganz einfach: das Ende der Schöpfung. Das Ende des Menschengeschlechts und Sie als Schöpfergottheit stünden auch ganz schön gelackmeiert da. Also müssen Sie sich zusätzlich noch ein System ausdenken, das es dem Torfkopf unmöglich macht, sich vom ersten Tiger, der des Weges kommt, auffressen zu lassen, auch nicht vom zweiten und, wenn möglich, auch nicht vom dritten. Wenn er den vierten nicht überlebt, dann können Sie wirklich nichts dafür, denn dann hat sich unser Torfkopf all Ihren Sicherheitsvorkehrungen zum Trotz wohl direkt in die Höhle des Löwen, pardon, Tigers begeben.

Und wie müsste nun so ein System, das unseren Torfkopf quasi zur Flucht zwingt, beschaffen sein? Auf jeden Fall muss es bewirken, dass dem Torfkopf total unwohl in seiner Haut wird, während er so dasteht und darauf wartet, dass der Tiger sich über ihn hermacht. Er muss den absoluten Drang verspüren, aktiv zu werden: Entweder aufs Lebhafteste zu protestieren und den Tiger zu überzeugen, diese nahrhafte Mahlzeit auszulassen, was sich wohl allerdings als schwierig erweisen wird. Wenn Tiger erst einmal in Tafellaune sind, lassen sie sich so schnell von niemandem umstimmen. Da müsste man sie schon zu Bettvorlegern verarbeiten, was aber auch nicht gerade von gutem Benimm zeugt. Oder man gibt schlicht und einfach Fersengeld.

Leiden als ungutes Gefühl hat also durchaus seinen Sinn. Es überzeugt letztlich auch unseren Torfkopf, dass er etwas tun muss. Vor allem schleunigst abhauen.

Der Torfkopf hat dieses Gefühl »Angst« getauft. Sein etwas gebildeterer Verwandter hingegen nennt es »Anspannung«: wegen der elektrischen Spannung, die ich bereits erwähnte. Diese elektrische Spannung in unseren Zellen entsteht durch die Aktivierung unseres natürlichen Alarmsystems, dessen Aufgabe es ist, unser Überleben zu sichern. Es tritt immer dann in Aktion, wenn wir *glauben*, in Gefahr zu sein.

Vor mehreren Jahrtausenden, als wir noch vom Säbelzahntiger angegriffen wurden, erfüllte dieses Alarmsystem seinen Zweck aufs Wunderbarste: Wir schossen davon wie die Fidschipfeile. Wir waren damals alle Rekordsprinter, egal ob über hundert, zweihundert oder dreihundert Meter. Einige wenige schafften es sogar über die tausend Meter.

Aber heute? Heute hat sich daran nichts geändert. Wir sind immer noch Rekordsprinter über hundert, zweihundert oder dreihundert Meter, einige sogar über tausend, doch fehlt uns jetzt der Säbelzahntiger, der sich an unseren Fersen die Zähne wetzt.

Auch Löwen, Panther, Leoparden, Pumas, Bären und Kaninchen sind nicht in Sicht. (Ja, ja. Streichen Sie das Letztere einfach, okay?!)[16] Heute verfolgt uns niemand mehr. Wenn wir nicht gerade eine Bank ausgeraubt haben und blöd genug waren, unsere Spur nicht ausreichend zu verwischen. Und warum rennen wir dann immer noch, als wäre ein Säbelzahntiger, Löwe, Panther, Leopard, Puma, Bär et cetera, et cetera (siehe oben) hinter uns her? Weil das, was in uns den Alarm auslöst, eben nicht der Tiger, Leopard, Panther et cetera ist, sondern *unser Gehirn*. Unser Gehirn entscheidet, was für uns eine Gefahr darstellt. Und diese Entscheidung ist in gewisser Weise nicht verhandelbar. Aus diesem Grund habe ich oben geschrieben: »wenn wir *glauben*, in Gefahr zu sein«.

Manchmal findet unser Gehirn nämlich gar nichts Schlimmes an eigentlich gefährlichen Situationen, während es andere, völlig harmlose für tödlich hält.

---

16 Was diese Auflistung für den Menschen gefährlicher Tierarten in der Frühzeit betrifft, finden Sie weitere Details in jedem beliebigen Buch über wilde Tiere.

Wenn wir Mowgli sind und auf Balu[17] treffen, wird kein Alarm ausgelöst. Sind wir hingegen der Buchhalter Schmittke, der gerade von einer Incentive-Reise nach Hawaii zurückkommt und ohnmächtig zusehen muss, wie seine Frau seine Unterwäsche nach Spuren von Lippenstift absucht, dann gellen die Alarmglocken mehr als schrill, vor allem wenn der Herr Buchhalter sich – wie wir für ihn hoffen – auf Hawaii tatsächlich amüsiert hat!

Es ist also unser Gehirn, das auf Grund der in unserem Gedächtnis gespeicherten Informationen entscheidet, ob wir in Gefahr sind oder nicht. Unsere klugen Überlegungen jedenfalls haben darauf keinen Einfluss. Wenn es sich erst einmal für die Option »Gefahr« entschieden hat, dann, meine lieben LeserInnen, können wir nichts mehr tun. Auch wenn wir gemütlich auf dem Teppich liegen, unsere Wohnung mit Panzertüren gesichert ist und wir uns mit einem Glas Whisky oder Baileys in der Hand vor die warme Heizung kuscheln (Im Winter natürlich. Warum wollen Sie im Sommer die Heizung aufdrehen?): Wir erleiden einen Panikanfall und basta.

Dazu genügt schon ein einziger, simpler Gedanke. Die Menagerie gefährlicher Tiere aus prähistorischen

17 Natürlich können Sie auch andere Figuren aus Disney-Filmen einsetzen. Oder Tarzan. Wovor der sich nicht gefürchtet hätte, weiß ich allerdings nicht mehr.

Zeiten wirkt geradezu lächerlich, verglichen mit den Monstern, die zu gebären unser Denken in der Lage ist. Darüber hat noch nie jemand nachgedacht oder ein kluges Werk von vier bzw. vierhundert Bänden verfasst. Denn den Gefahren, die unser Denken ersinnen kann, sind quasi keine Grenzen gesetzt.

Einige dieser Gefahren haben unmittelbar mit unserem Alltag zu tun: der Kollege, der versucht, uns einzumachen (obwohl wir kein Fallobst sind); der Freund, der versucht, unsere Frau anzubaggern (obwohl unsere Wohnung keineswegs zur Baustelle mutiert ist); der Ehemann, der unserer Freundin nachsteigt (obwohl deren Bedarf an Blödmännern gedeckt ist); der Fiskus, der partout versucht, einem gänzlich Unbetuchten in die Hosentaschen zu greifen (wobei wir die Einnahmen aus dem Verkauf von Nacktfotos wieder versteuern müssten). Und so weiter.

Andere haben mehr mit unserem körperlichen Ich zu tun: »Mein Gott, bestimmt bekomme ich AIDS.« Oder: »Ich bin zu dick!« Und: »Mit dieser Pickelkolonie auf der Nase sehe ich ja erbärmlich aus!« Da war doch noch: »Bestimmt habe ich Krebs!«

Auch sehr beliebt: »Ich bin einfach ein geborener Pechvogel!« Oder: »Niemand mag mich.« Weit verbreitet auch: »Ich bin ja so blöd!« Und: »Ich werde ganz allein und von allen verlassen enden!« Klingelt's?

Das *Denken* ist die Hauptursache unseres Leidens. Die lebendige Essenz der *Hirnwichserei*. Also werden wir es jetzt in die Enge treiben. Wir werden ihm mutig direkt ins Auge blicken, während unsere Rechte sich um das Skalpell krampft und die Linke ein Mikroskop hinterm Rücken verbirgt - neben einer Magnum 357. Geladen natürlich.

## Das Denken

Das Denken lässt sich gut mit einem Messer vergleichen. Entweder man schmiert sich damit die Butter aufs Brot, oder man schneidet sich damit die Kehle durch. Und so unglaublich es auch scheinen mag: Das Gros der Menschen wählt letztere Option. Fragen Sie mich bloß nicht, warum. Das wäre so, als würden Sie mich fragen, weshalb das Wasser uns bisweilen auf den Kopf tropft, statt sich zum Henker noch mal da oben in den Wolken um seinen eigenen Scheiß zu kümmern.

Nebenbei bemerkt glaube ich, dass Wasser in direktem Zusammenhang mit gewohnheitsmäßiger Hirnwichserei steht. Ersetzen Sie es nämlich systematisch durch Grappa, nimmt die Neigung zur Hirnwichserei deutlich ab. Stattdessen bekommen Sie Leberzirrhose. Und von mir werden Sie nicht zu hören bekommen, dass das immer noch besser sei. Denn es gibt geeignetere Methoden, seine Hirnwichserei abzustellen.

Natürlich ist Selbstzerstörung keineswegs die Hauptaufgabe des Denkens. Das Denken ist Ergebnis der evolutionären Entwicklung des Menschen. Daher dient es im Wesentlichen demselben Zweck wie alle anderen biologischen Funktionen des Menschen: dem Überleben.

Nehmen wir einmal an, jemand versetzt Ihnen einen Faustschlag auf die Nase, während Sie mit Ihrer Verlobten gemütlich durch die Fußgängerzone bummeln, und haut dann ab, bevor Sie auch nur »hoppla« sagen können. Dieses Erlebnis zeitigt, so Sie nicht gerade eine Gumminase und die Selbstachtung eines Mehlwurms besitzen, erhebliche Spannungen in Ihrem Innern. Und diese Spannung können Sie nicht abbauen, indem Sie diesem Jemand einen Fußtritt in die Eier verpassen – was der Genfer Konvention zufolge die adäquate Antwort auf einen Faustschlag auf die Nase darstellt –, weil seine Eier sich nicht mehr in Reichweite Ihres Fußes befinden.

Was also tun Sie? Sie reiben sich geistig auf – was Sie dabei sonst noch aufreiben, hat nicht unbedingt etwas mit unserem Problem zu tun –, indem Sie sich immer wieder Folgendes vorstellen:

1 Wie Sie den Angreifer an der Gurgel packen.
2 Wie Sie ihm die Krawatte in den Hals stopfen.
3 Wie Sie ihm Ihr Club-Abzeichen ins Auge rammen. Sollte es denn einen Club geben, der Sie als Mitglied akzeptiert.
4 Sie spucken ihm in die Nasenlöcher, jedoch nicht ins Ohr, was vielleicht natürlicher wäre, aber dann können Sie Punkt 5 nicht ausführen.
5 Sie spielen ihm eine Heino-CD vor. Und an diesem Punkt hätten Sie Ihr Ziel eigentlich erreicht, denn Heino ist die ultimative Rache für jede Art von Verletzung. Dolchstöße mitten ins Herz vielleicht einmal ausgenommen, was auch nur daran liegt, dass man nach einem solchen vermutlich keine Lust mehr auf Schlager hat. Da passen allenfalls noch Weisen aus »Die lustige Witwe« ...
6 Sie verpassen ihm den Tritt in die Eier, den die Genfer Konvention vorsieht.

Dieses Szenario mit all seinen möglichen Verwicklungen spulen Sie nun in Ihrem Kopf ab wie einen Filmklassiker, zum Beispiel vom Typ »Panzerkreuzer Potjomkin«, den ich endlich so schreibe, wie er gesprochen wird: immer und immer wieder.

Mit diesem Trick werden Sie ein wenig von der Spannung los, die Sie auf normale Weise, also durch Handeln statt Nachdenken, nicht mehr abbauen können.

Für einen natürlichen Spannungsabbau hätten Sie Ihrem Gegner tatsächlich die blitzschnelle Rechte verabreichen müssen, als er Ihnen den Schlag auf die Nase versetzte.

Also ist der unmittelbare Zweck des Denkens und vermutlich der Grund, warum es sich überhaupt entwickelt hat, der *Abbau von überschüssiger Spannung.* Grundsätzlich hat das Denken auf mentaler Ebene demnach dieselbe Funktion wie der nächtliche Samenerguss, die einzige sexuelle Aktivität, die Pfadfindern, Erziehern und Klerikern erlaubt ist, weil sie ein »Zuviel« an Spannung abbaut. Sie verspüren eine unerträgliche Spannung und können sie nicht durch eine reale Aktion abbauen. Also versuchen Sie, sie wenigstens teilweise loszuwerden: durch gedankliche Aktion.

Daher gilt:

*Das Denken ist im Wesentlichen Ersatz für reales Handeln.*

Denn das Denken besteht in erster Linie darin, *mithilfe der Einbildungskraft Handlungen nachzustellen.* Um es einmal biologisch auszudrücken: Wenn in Folge einer umweltbedingten Aggression die innere Spannung und damit das Unwohlsein ein solches Niveau erreicht, dass das Individuum sich unter Umständen selbst schädigt, dann tritt ein Überlebensmechanismus in Kraft, der einen zeitweiligen Spannungsabbau bewirkt, indem er ein gedankliches Verarbeitungsmuster aktiviert. Dieses wiederum spielt auf *mentaler Ebene* Szenarien nach, welche zum Abbau der Spannung beitragen, und stellt so eine *befriedigende* Umweltsituation her. Auf der körperlichen Ebene wird hierbei die Produktion von Neurotransmittern auf Adrenalinbasis, welche das Spannungsniveau erhöhen, also Stress erzeugen, ersetzt durch die Produktion von Neurotransmittern auf Noradrenalinbasis, welche für einen Zustand zunehmender Entspannung sorgen.[18]

Diesen ganz normalen Vorgang nennt man *Homöostase*, also die Rückkehr in den Zustand des physiologischen Gleichgewichts. Auch die Homöostase dient letztlich dem Überleben, daher findet sie sich bei allen dynamischen biologischen Systemen, wie dies lebende Organismen nun einmal sind.

Das Denken übernimmt also die *Funktion eines Ver-*

---

18 Wenn Sie mehr darüber wissen wollen, was in Ihrem Gehirn passiert, ohne gleich Kopfweh zu bekommen – was, in die Sprache Ihres Gehirns übersetzt, bedeutet, dass es sich selbst zwar kennen lernen will, aber so gut auch wieder nicht, weil es Angst bekommt, dann besorgen Sie sich eine beliebige populärwissenschaftliche Einführung in seine Funktionsweise. Entgegen landläufiger Auffassung bedeutet »populärwissenschaftlich« nicht »Wissenschaft für den Pöbel«, sondern Wissenschaft für Leute, die keine Ahnung haben. Klingt doch viel besser, nicht wahr? Zum Beispiel: Ornstein, Robert und Thompson, Richard F., *Unser Gehirn: das lebendige Labyrinth*, Reinbek 1993.

*teidigungswalls gegen Übergriffe aus der Umwelt.* Die primitive Urform des Denkens ist vermutlich das *Träumen.* Wie beim Denken werden beim Träumen nicht reale Handlungen nachgestellt. Dies geschieht regelmäßig, wenn die innere Spannung überhand nimmt, wie dies zum Beispiel bei psychisch traumatischen Erlebnissen der Fall ist. Auf diesem vergleichsweise primitiven Niveau denken bzw. träumen auch Tiere. Mein Hund Rocco zum Beispiel jaulte im Schlaf. Er winselte, bellte, sabberte, kaute und wedelte mit dem Schwanz – und nicht nur damit; ich überlasse es Ihrer krankhaften Fantasie, herauszufinden, wovon Rocco träumte.

Träume sind – wie Gedanken – eine Art mentaler, in diesem Fall nächtlicher Erguss, der die Aufgabe hat, ein zu hohes Spannungsniveau wieder auf Normalmaß zurückzufahren.

Mit der Höherentwicklung der menschlichen Großhirnrinde hat sich diese Urform des Denkens vielleicht auch auf den Wachzustand ausgedehnt, und als die Sprache entstand, wurde daraus das Denken. Mit dem Denken entwickelten sich dann auch logische Fertigkeiten wie die Fähigkeit, Schlussfolgerungen zu ziehen.

Ausgehend von seiner Ventilfunktion, die nur dann aktiviert wurde, wenn es Überspannungen abzubauen galt, entwickelte sich das Denken zu einer mächtigen Waffe im Kampf um die Beherrschung der Umwelt. Mit seiner Hilfe lernte der Mensch, den gesamten Planeten zu beherrschen, denn nur das Denken befähigt den Menschen dazu, die *Probleme* seiner Umwelt kreativ zu lösen. Das gedankliche Nachstellen von Situationen kann nämlich nicht nur seelische Erleichterung verschaffen, wenn negative Umweltbedingungen auftreten. Mit seiner Hilfe kann der Mensch diese negativen Umweltbedingungen, welche den Simulationsmechanismus aktiviert haben und Teil des *Problems* sind, auch beseitigen.

Wenn Sie in der Falle sitzen, kann das Denken Ihnen helfen zu entkommen. Das menschliche Denken erfüllt also mehrere Aufgaben: Es ist zum einen ein Mechanismus zur *Problemlösung*, ein System, das Probleme in der Außenwelt beseitigt, indem es mögliche Lösungen geistig durchspielt. Eine echte Lösung wird aber nur dann erreicht, wenn die mentalen Handlungen in die *Wirklichkeit* überführt werden, *wenn auf das Denken also eine Handlung folgt*. Nur Handeln beseitigt negative Umweltbedingungen und baut Spannungen effektiv ab, indem es ein neues homöostatisches Gleichgewicht herbeiführt, den Zustand also, in dem wir uns wohl fühlen.

Nur ein Gedanke, der zu einer Handlung führt, die ihrerseits negative Umweltbedingungen beseitigt, wird seiner Aufgabe als Abwehrmechanismus gegen Umweltaggressionen gerecht. Dies ist ein Gedanke, der direkt mit der Wirklichkeit verbunden ist.

Daher gilt:

*Ein Gedanke, der eine Handlung nach sich zieht, ist keine Hirnwichserei.*

Entsprechend gilt umgekehrt, vereinfacht ausgedrückt, auch Folgendes:

*Ein Gedanke, der keine Handlung nach sich zieht, ist Hirnwichserei.*

Aber wie oft setzen Sie Ihre Gedanken wirklich in die Tat um? Und wie oft nutzen Sie Ihre Denkfähigkeit zur Lösung realer Probleme, in ihrer höchsten Entwicklungsform also? Wie oft hingegen stellen Sie sich Dinge vor, die Sie nicht ausführen können oder konnten? Und wie oft benützen Sie das Denken in seiner primitivsten Form, indem Sie damit Spannungen abbauen, die zwar von realen Problemen verursacht wurden, aber nicht durch reale Handlungen aus der Welt geschafft werden können?

Wie Sie vermutlich unschwer erkennen können, zielt der größte Teil Ihres Denkens darauf ab, die Spannungen auf einem erträglichen Maß zu halten, indem Sie sich Dinge vorgaukeln, die nie geschehen sind und nie geschehen werden, statt auf kreative Weise nach echten Lösungen für echte Probleme zu suchen, die auch tatsächlich in die Tat umgesetzt werden können.

Die Schlussfolgerung aus dieser Tatsache ist so schrecklich, dass nur wenige Menschen ihr ins Auge blicken können, ohne dabei Gift und Galle zu spucken:[19]

*In den allermeisten Fällen ist unser Denken nichts weiter als Hirnwichserei.*

Was ist dann mit all jenen Fällen, in denen die vom Denken simulierte Aktion nicht umgesetzt werden kann oder nicht geeignet ist, die umweltbedingte Aggression zu beseitigen, nicht einmal auf mentaler Ebene? In solchen Fällen wird die Spannung nicht nur kein bisschen weniger, sondern *nimmt* im Gegenteil sogar *zu*. Dass nämlich unsere Verteidigungsmechanismen so offensichtlich versagen, wird vom Gehirn dahingehend interpretiert, dass die Aggression noch gefährlicher ist als ursprünglich angenommen. Dadurch steigt die Spannung und mit ihr unser *Leiden*.

Auf diese Weise wandelt sich das Denken von einem

19 Das gilt vor allem für die Philosophen, die unter allen Intellektuellen am schnellsten beleidigt sind. Warum, weiß ich nicht – heißt es doch, dass jemand seine »eigene Philosophie« habe, wenn er sich als Lebenskünstler erweist und die Dinge nicht so wichtig nimmt.

System, das Spannungen abbauen soll, zu einem System, das Spannungen verstärkt. Es fördert das Leiden. Dadurch schadet der Betroffene sich selbst.

Daraus folgt:

*Gedanken, die Leiden hervorbringen, sind schädliche Hirnwichserei.*

Der Gipfel an schädlicher Hirnwichserei aber ist erreicht, wenn das Problem, um dessen Lösung das Denken sich bemüht, kein reales Problem ist, sondern vom Denken erfunden wurde, also ein *Problem, das nur in unserer Fantasie besteht.*

Und wie kommt es, dass das Denken, das sich ursprünglich ja entwickelt hat, um echte Probleme zu lösen oder zumindest zu lindern, nun selbst Probleme erfindet? Tatsache ist, dass das Denken reale Probleme nicht lösen kann. Dies kann nur durch *Handeln* geschehen. Wenn das reale Problem aber nicht durch eine Aktion gelöst werden kann, bleibt die von ihm verursachte Spannung im Innern bestehen und setzt die Denkmaschinerie in Gang, um das unangenehme Gefühl halbwegs erträglich zu machen.

Und was unternimmt das System nun zur Selbstverteidigung? Es vergisst das Problem einfach. Freud nannte diesen Prozess *Verdrängung.*

Die Verdrängung allerdings vermag nicht, die mit

dem verdrängten Problem verbundene Spannung zu lösen. Sie sorgt nur dafür, dass sie erträglich bleibt und ein gewisses Maß nicht überschreitet. Die Spannung bringt also weiterhin *Gedanken* hervor. Da das reale Problem aber nicht enthüllt werden kann, weil es eine zu hohe seelische und körperliche Spannung bewirken würde, erfindet das Denken ein anderes Problem, *ein eingebildetes und scheinbar lösbares Problem*.

In Wirklichkeit kann das eingebildete Problem aber nicht gelöst werden. Es gibt keine reale Lösung für das imaginäre Problem, *einfach weil das Problem in der Wirklichkeit gar nicht besteht*. Das imaginäre Problem könnte also nicht einmal durch echtes *Handeln* gelöst werden. Versuchen wir das eingebildete Problem mit einer Aktion zu lösen, so wird unsere Spannung dadurch kein bisschen geringer. Sie ist ja nicht aus dem imaginären Problem entstanden, sondern aus dem ursprünglichen, realen Problem, das wir verdrängt haben. Nur eine Aktion, die diesem ursprünglichen Problem wirksam begegnet, könnte die Spannung herabsetzen – entweder *eine völlig andere Aktion* oder *dieselbe Aktion in einem anderen zeitlichen und räumlichen Rahmen*, also in der Vergangenheit.

Natürlich kann ein imaginäres Problem auch eine imaginäre Lösung finden. Da aber das imaginäre Problem erfunden wurde, um einen Spannungsüberschuss abzubauen, der auf dem einzig möglichen Weg, nämlich durch Handeln, nicht beseitigt werden konnte, wird die imaginäre Lösung nur ein weiteres imaginäres Problem hervorrufen. Denn das ist die Art und Weise, wie das psychophysische System versucht, den Zustand der Homöostase wieder herzustellen: durch die Produktion ständig neuer Gedanken, die um nicht ausgeführte Handlungen kreisen.

Normalerweise verschwendet das Gehirn, das ja zum ökonomischen Einsatz seiner Mittel tendiert, seine Energie erst gar nicht, um für ein imaginäres Problem eine ebensolche Lösung zu suchen, um sich dann gleich wieder ein Problem zu schaffen und den ganzen Zirkus von vorn anzufangen. Das tun nur Verrückte, und ich hoffe sehr, dass Sie nicht zu dieser Spezies zählen. Wenn doch, dann stimmt allerdings, was die Kritiker sagen: Dieses Buch liest nur, wer echt irre ist! Das Gehirn jedenfalls beißt sich am ersten Problem fest und kaut immer wieder darauf herum, ohne auch nur ansatzweise nach einer Lösung zu suchen. Falls Sie besonders fantasiebegabt sind, erfinden Ihre grauen Zellen sich ein Problem nach dem anderen, ohne auch nur eines zu lösen. (Das wiederum ist typisch für Neurotiker. Wenn Sie auch neurotisch sind, dann finden Sie sich am besten einfach damit ab. Mir gefällt es ja, neurotische Leser zu haben. Etwas Besseres kann ein Autor sich gar nicht wünschen, denn die Neurotiker stellen nun mal den größten Bevölkerungsanteil.)

Die Spannung, die von einem imaginären Problem verursacht wird, *kann also gar nicht gelöst werden*. Stattdessen wird das imaginäre Problem zu einer *neuen Spannungsquelle*. So weit es um imaginäre Probleme geht, wandelt das Denken sich demnach vom System zum Abbau von Spannungen zu einem System, das Spannungen verstärkt und auf den Betroffenen schädlich wirkt. Dieser Prozess kennt *keinerlei Begrenzung*, weil das System *selbsterhaltend* wirkt. Die Spannung, die durch die Verdrängung zunächst einmal vermindert wurde, bewirkt also eine ständige gedankliche Aktivität, welche imaginäre Probleme schafft. Dadurch baut sich die Spannung weiter auf, bis sie das vom ursprünglichen Problem verursachte Niveau erreicht, ja sogar *überschritten* hat.

Im Falle der imaginären Probleme wirkt sich die Tatsache, dass dieses System selbsterhaltend wirkt, besonders negativ aus: Häufig erzeugen die imaginären Probleme, die das Denken erfindet, mit der Zeit mehr Spannung als das reale Problem, durch welches der Prozess angestoßen wurde.

Daraus folgt:

*Das Nachdenken über nichtreale Probleme ist die allerschädlichste Hirnwichserei.*

Ein systematisches Gebäude von negativen Hirnwichsereien nennt man *Neurose*. Neurosen sind sehr weit verbreitet[20]. Nur ein gut ausgebildeter und erfahrener Psychotherapeut kann Ihnen hier helfen. Die Illusion, nicht auf fremde Hilfe angewiesen zu sein, gehört zum Krankheitsbild der Neurose, die ebenfalls aus dem ursprünglichen Überlebensmechanismus entstanden ist, der sich ins Negative verkehrt hat.

Da, wie wir gesehen haben, das Denken häufiger zur Hirnwichserei denn zum sinnvollen Handlungsauslöser gerät und da Hirnwichserei in den meisten Fällen mehr schadet als nützt, können wir einen weiteren Schluss ziehen, der die Apologeten des Denkens als höchster Form menschlichen Ausdrucks noch mehr erbosen wird[21]:

---

20 »Der Mensch ist neurotisch. Und das betrifft keineswegs nur eine Hand voll Menschen. Die Menschheit ist als Ganzes neurotisch. Es geht also nicht darum, ein paar Individuen zu heilen. Es geht darum, die ganze Menschheit von ihren Neurosen zu befreien. Die Neurose ist der ›Normalzustand‹ des Menschen, weil jeder Mensch einen gewissen Erziehungsprozess durchlaufen hat. Man erlaubt ihm nicht zu sein, was er ist. Man will ihn nach einem bestimmten Modell formen. Und dieses Modell ist es, das die Neurose hervorruft, ganz egal, wie es aussieht.« Bhagwan Shree Rajneesh, *Meditazione Dinamica*, Rom 1979, S. 53, übersetzt nach der italienischen Vorlage von E. Liebl.

21 Damit meine ich im Speziellen die Philosophen, doch dürfen sich auch Wissenschaftler und Künstler, ja eigentlich die Menschheit im Allgemeinen angesprochen fühlen. Wie ich mich vor deren geballtem Zorn retten soll, ist mir allerdings noch nicht klar. Darüber muss ich noch verschärft nachdenken.

*Denken ist sehr häufig Ausdruck neurotischen Verhaltens.*

Aber dann, so werden Sie jetzt fragen, wäre es doch besser, wir hörten einfach komplett mit der Denkerei auf! Nun ja, ich muss zugeben, es hätte seine Reize. Ehrlich gesagt, es wäre sogar wunderschön[22]. Zumindest würde es genügen, das Denken auf eine der wenigen Situationen zu begrenzen, in denen es uns nützt und unser

22 Nicht zu denken ist der Naturzustand des Menschen. »Kinder, wenn man sie lässt, konzentrieren sich nie. [...] In dem Augenblick, in dem ihr euren Geist beschränkt, indem ihr ihn ausschließlich auf ein bestimmtes Objekt richtet, verurteilt ihr euch dazu, alles andere auszuschließen. Diese Fähigkeit ist lebensnotwendig. Sie ist wirklich nützlich, doch es geht ja nicht immer nur ums Überleben. Nützlichkeit allein genügt nicht. Wenn ihr nämlich auf Grund von Nützlichkeitserwägungen entscheidet und eurem Bewusstsein Grenzen auferlegt, raubt ihr eurem Geist zahlreiche Möglichkeiten, sein Potenzial zu entfalten. Ihr nutzt die Totalität eures Geistes nicht mehr. Nur einen kleinen Teil. Der Rest – und zwar der weitaus größere – bleibt unbewusst. So entsteht eine Spaltung, ein Riss. Der größte Teil eures Geistes wird euch fremd. Ihr rückt von euch selbst ab. Ihr werdet zum Fremden in eurer eigenen Totalität. Dieses Unbewusste, dieser unbenutzte Geist voller Möglichkeiten wird mit dem bewussten Teil in ewigem Kampf liegen. Aus diesem Grund leiden wir ständig unter einem inneren Konflikt. Jeder Mensch lebt im Konflikt, weil da dieser Riss durch Bewusstes und Unbewusstes geht. Erst wenn man dem Potenzial, dem Unbewussten, erlaubt aufzublühen, werden wir die Glückseligkeit des Seins erfahren.« B. S. Rajneesh, *Meditazione Dinamica*, Rom 1979, S. 16, übersetzt nach der italienischen Vorlage von E. Liebl.

Wohlbefinden steigert. Und die sind gar nicht so häufig, wie wir glauben[23].

---

23 Das Denken spielt im nichtneurotischen Leben eine recht begrenzte Rolle. Es wird nur dann aktiviert, wenn ein Problem anliegt oder eine Handlung nicht ausgeführt werden kann. Wenn es zur Gewohnheit wird, sind wir unbestreitbar neurotisch. Es kann sich dabei um simple Realitätsflucht handeln, positive Hirnwichserei also, die weiter nicht schlimm ist, wenn sie sich nicht allzu lange hinzieht; oder um die zwanghafte Wiederholung des ständig selben Gedankens, der zu erhöhter Spannung führt, was natürlich schädlich, aber leider recht häufig ist. Diese Einteilung gilt für gewöhnliche Frauen und Männer. Philosophen, Wissenschaftler und Künstler sind offiziell autorisiert zum sinnlosen Denken. Anderenfalls wären sie arbeitslos, und Arbeitslose gibt es in dieser Gesellschaft wirklich schon genug! Außerdem ist ihr Denken nicht vollkommen sinnlos: Es verschafft ihnen zumindest Arbeit. Und so neurotisch es auch immer sein mag, weil es sich weder mit realen noch persönlichen Problemen und ihrer Lösung beschäftigt, sondern ausschließlich mit imaginären Dingen, ist dieses Denken doch die einzige und echte Grundlage jedes technischen Fortschritts im Laufe der Menschheitsgeschichte, der im Übrigen höchst real war. Außerdem erweisen sich die schlimmsten Neurotiker auch noch als die Schrittmacher des menschlichen Fortschritts. Wäre Christoph Kolumbus nicht ein vollkommener Neurotiker gewesen, wäre er nicht jedem auf die Nerven gefallen mit seinem Wunsch, Entdecker zu werden, er hätte Amerika nicht entdeckt, sondern zu Hause seine Ehefrau flachgelegt und seinen Kindern den Hintern versohlt, wie jeder brave Ehemann dies tut.

Kapitel 4

# Warum wir hirnwichsen

## Das Gehirn

Das Problem, mit dem wir uns in diesem Kapitel auseinander setzen müssen, lässt sich wie folgt umreißen: Warum hören wir mit der Hirnwichserei nicht einfach auf, wo sie doch so viel Schaden anrichtet?

Wenn Sie zu den Masochisten gehören – und wenn Sie bis hierher gelesen haben, liegt dieser Schluss nahe –, können Sie dieses Kapitel glatt überspringen, weil in Ihrem Fall die Antwort klar auf der Hand liegt: Sie hören mit der Hirnwichserei eben deshalb nicht auf, weil Sie sich damit unendlich wehtun können!

Für uns »normale« Hirnwichser hingegen nimmt die Antwort auf diese Frage solch tragische Dimensionen an, dass es am besten ist, Sie setzen sich, sagen jede Verabredung ab und bereiten sich einen Kamillentee. Seien Sie auf das Schlimmste gefasst.

Scheinbar ist unser Gehirn in etwa so aufgebaut wie die Schaltkästen, welche die Telefongesellschaft da und dort am Straßenrand platziert. Wenn man hineinguckt, sieht man nichts als Drähte, und das Ganze wirkt reichlich chaotisch. Nur die Telefongesellschaft weiß letztlich, wie diese Dinger funktionieren, und die werden sich hüten, sich von irgendjemand in die Karten schauen zu lassen.

Immer wenn wir geistig etwas verarbeiten, sei es der visuelle Eindruck, den uns der verlängerte Rücken der Dame vermittelt, die sich im Bus auf den Platz vor uns setzt, oder die Erinnerung an unsere Erstkommunion, den Lehrsatz des Pythagoras oder die aufwühlende Frage, ob wir uns mit dem Jungen, der uns gefällt, einlassen sollen oder ob er uns dann für »leicht zu haben« hält und wir in null Komma nichts abgeschrieben sind[24], immer wenn in unserem Gehirn also etwas vor sich geht, werden einige dieser Drähte *unter Spannung* gesetzt. Genauer gesagt: Es fließt elektrischer Strom durch sie.

Da unser Schöpfer weitaus intelligenter ist als die Telefongesellschaft – was im Übrigen auch bitter nötig ist, denn sonst wäre die Welt ein einziger Sauhaufen![25] – und außerdem ein wenig ausgefuchster (Wieso? Versucht er etwa auch, die Telefonrechnung zu manipulieren?), ist unser Schaltkasten ein wenig komplizierter

---

24 Das ist natürlich der weibliche Standpunkt. Die Version für Jungs lautet: »Krieg' ich die Schlampe nun rum oder nicht?«

25 Wieso? Ist die Welt etwa kein Sauhaufen?

als sein Pendant von der Telekom: Unsere Drähte[26] beschränken sich nicht darauf, nur Strom zu leiten, sondern sie setzen dabei auch noch chemische Substanzen[27] frei.

Wenn nun also in einer Gruppe von Drähten[28] in unserem Gehirn-Schaltkasten Strom fließt und dort Neurotransmitter freigesetzt werden, also der neuronale Schaltkreis aktiviert wird, dann gefällt das dem Gehirn so gut, dass es eine erhöhte Tendenz aufweist, dasselbe wieder zu tun. Das ist so, als würden Sie Hamburger essen und Coca-Cola trinken. Wir nennen dies auch das »Gesetz der Trägheit«. Es beherrscht sämtliche Phänomene im Universum. Bestimmte Sachverhalte wiederholen sich bis in alle Ewigkeit, wenn nicht irgendwelche Kräfte ihnen entgegenwirken. Dem Himmel sei Dank – oder zum Teufel noch mal, leider –

26 Welche die Wissenschaft »Neuronen« nennt.

27 Welche die Wissenschaft »Neurotransmitter« nennt. Wenn Sie mehr über diese Geschichte mit den Neuronen und Neurotransmittern wissen, sich also mit positiver Hirnwichserei beschäftigen wollen, besorgen Sie sich eines der zahlreichen populärwissenschaftlichen Werke über das Gehirn, die Sie ohne Probleme verstehen werden, auch wenn Sie keinen Schimmer von Chemie, Biologie, Medizin, Neurologie und so weiter haben, was vermutlich der Fall ist. Zum Beispiel das bereits zitierte: Ornstein, Robert und Thompson, Richard F., *Unser Gehirn: das lebendige Labyrinth*, Reinbek 1993.

28 Ein so genanntes »neuronales Netz«.

gibt es im Universum unglaublich viele Kräfte, die aufeinander einwirken. Aus diesem Grund ist es so vielfältig[29]. Ein weiterer kluger Schachzug vom Schöpfer, nicht wahr?

In unserem Gehirn-Schaltkasten findet das Gesetz der Trägheit häufig Anwendung. Denn je höher die Spannung[30] in einem neuronalen Netz, desto länger fließt darin Strom und desto länger braucht es, um in einen elektrisch neutralen Zustand - in unserem Fall entspricht das der Abwesenheit von Gedanken - zurückzukehren. Es war kein Zufall, dass ich von »Spannung« gesprochen habe, als es um den emotionalen Zustand der Angst ging. Diese Spannung stellt sich immer dann ein, wenn unser Alarmsystem signalisiert, dass Gefahr im Verzug ist. Und es handelt sich dabei tatsächlich um elektrische Spannung in den neuronalen Netzen unseres Gehirn-Schaltkastens.

Aus diesem Grund wiederholen unsere Gedanken sich so häufig, vor allem, wenn sie mit Sorgen und Ängsten aufgeladen sind. Sie werden zur Obsession.

29 Ein Sprichwort aus Genua sagt, dass die Welt schön ist, weil sie so vielfältig ist. Die ganze Tiefe der Volksweisheit zeigt sich weiterhin darin, dass der Begriff für »vielfältig« im Genoveser Dialekt auch »verdorben« heißen kann. Schlau, das »gemeine Volk«, oder etwa nicht?

30 Damit ist die unterschiedliche Höhe des elektrischen Potenzials zwischen dem einen und dem anderen Ende des Neurons gemeint.

»Mag er mich nun wirklich oder will er nur mit mir ins Bett?«

»Betrügt sie mich oder nicht?«

Über diese Art von Fragen kann man endlos nachdenken. Das ist die innere Dynamik der Hirnwichserei. Denn Hirnwichserei zeichnet sich vor allem dadurch aus, dass sie sich ständig wiederholt. Wie ein Schwachsinniger (oder ein Professor). Ein sehr schönes Beispiel für einen sich selbst erhaltenden Mechanismus. Quasi ein Perpetuum mobile. Das Merkwürdige daran ist nur:

*Das Denken gehorcht nicht dem Willen.*

Sie wollen gar nicht darüber nachdenken, ob Ihr neuer Freund Sie nur ins Bett kriegen will oder Ihre Freundin Sie mit einem anderen betrügt. Und trotzdem tun Sie es. Diese Gedanken quälen Sie weiter, ob Sie es nun wollen oder nicht. Im Normalfall wollen Sie es nämlich nicht, weil Sie ja merken, dass diese Art zu denken Ihnen nicht gut tut. Aber mit dem Willen können Sie dagegen nichts ausrichten. Mit anderen Worten: Ihr Denken funktioniert *automatisch*. Sie, der Denker oder die Denkerin, sind nicht HerrIn über Ihr Denken. Ihr Denken entsteht ganz von selbst, wie das Adrenalin im Blut, wie Cholesterin oder Urin.

Das glauben Sie nicht? Dann möchte ich Ihnen ein

Experiment vorschlagen. Legen Sie das Buch weg, und befehlen Sie Ihrem Gehirn, es solle zu denken aufhören. Nach einer Minute nehmen Sie das Buch wieder auf und lesen weiter.

Sehen Sie? Ihr Gehirn hat eben fröhlich auf Ihre Wünsche gepfiffen und sich Ihrem Befehl widersetzt. Es hat einfach weitergemacht wie immer[31]. Und was soll das nun bedeuten? Genau das, was ich oben gesagt habe: *Das Denken geschieht automatisch, unabhängig von unserem Willen.* Diese Erkenntnis ist so schwer wiegend, dass wir erst einmal darüber nachdenken müssen. Es handelt sich dabei um eine *Entdeckung mit erheblicher Tragweite*, zumindest was das menschliche Leben angeht. Denn von dem Augenblick an, in dem ihm diese Erkenntnis

---

31 Wenn Ihr Gehirn Ihnen gehorcht haben sollte, dann sind Sie vermutlich Yogi. Was bitte treibt ein Yogi mit diesem Buch? Industriespionage vielleicht? Legen Sie es sofort weg und üben Sie *Muka Bhastrika*, die Reinigungsatmung. Zur Strafe sage ich Ihnen hiermit: Wenn Sie aufgehört haben zu denken, als Sie sich den entsprechenden Befehl erteilten, dann haben Sie bei diesem Experiment völlig versagt, da es zeigen sollte, dass das Gehirn unabhängig von unseren Wünschen einfach weiterwurstelt wie gehabt. Wenn Sie, geschätzter Leser, hingegen ein absolut normaler Mensch und mit einem absolut normalen neurotischen Seriengehirn ausgestattet sind, das aus eigenem Antrieb pro Minute circa 78 ängstliche oder depressive Gedanken erzeugt, dann lesen Sie ruhig weiter. Sie können das reine Gewissen dessen pflegen, für den dieses Buch wie geschaffen ist.

dämmert, kann der Mensch nur noch eines tun: Seine Gedanken nicht mehr ernst nehmen.

Wissenschaftler, Philosophen und Künstler trifft jetzt vermutlich der Schlag, denn sie müssen einsehen, dass ihre Errungenschaften keineswegs ihr Verdienst[32] sind. Tatsächlich entstehen unsere kreativen Einfälle nämlich im Unbewussten. In unserem Gehirn sind so viele Daten gespeichert, dass sogar der örtliche Dorftrottel daraus die Relativitätstheorie hätte zusammenschustern können. Auch wenn es natürlich eine andere Sache ist, sie dann in exakten mathematischen Termini auszuformulieren. An diesem Punkt hat der Wille durchaus etwas zu melden. Denn das Denken kann, wie alle menschlichen Funktionen, sowohl willentlich als auch unwillentlich ablaufen.

Stellt sich die Frage, wie viel von unserem Denken dann willentlich gesteuert ist. Die Tatsache, dass wir uns eines Gedankens bewusst sind, heißt nämlich noch lange nicht, dass er auch bewusst gefasst wurde. Nur wenn wir *mit voller Absicht* an etwas denken, was zum Beispiel der Fall ist, wenn wir lernen, lesen oder uns an die Lösung eines echten Problems machen, ist unser Denken vom Willen gesteuert. Und wie oft geschieht das am Tag? Der ganze Rest ist unwillkürliches Denken. Fast alles also.

32 Dass das intuitive Denken spontan entsteht, wussten bereits die alten Griechen. Sie schrieben ihre poetischen Gedanken und intuitiven Einsichten nämlich den Göttern zu.

Unser Gehirn aber bringt nicht nur unser gesamtes Denken hervor, es konstruiert damit auch noch unser Universum und unser Leben. In unserem Gehirn steckt unsere gesamte Welt. Auch die Hirnwichserei. Aus diesem Grund holen wir uns geistig ständig einen runter. Weil unser Gehirn das einfach tut. Wir haben darauf keinen Einfluss.

*Hirnwichserei geschieht quasi von selbst.*

## Die zwei Welten

Es gibt zwei Welten: *die Welt in unserem Kopf* und *die wirkliche Welt.* Die folgende Grafik veranschaulicht, wie die beiden zusammenwirken:

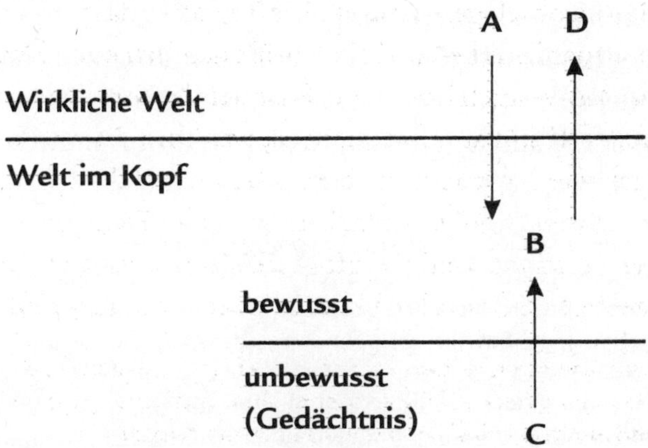

Einem Objekt oder Ereignis A aus der wirklichen Welt, das von unserem Bewusstsein wahrgenommen wird, ordnen wir normalerweise eine Bedeutung B zu. Dies geschieht auf Grund eines Vergleichs mit C, einem analogen Objekt oder Ereignis, das unbewusst in unserem Gedächtnis gespeichert ist. B und nicht A bestimmt D, also wie wir uns verhalten.

Wie die Grafik deutlich zeigt, gehören A und D zur realen Welt, während B und C Teil der Welt in unserem Kopf sind. Es wird klar, dass es sich dabei um *vollkommen verschiedene* Objekte bzw. Ereignisse handelt. In anderen Worten: Gewöhnlich verfügen wir nicht über ein objektives Abbild der Wirklichkeit, sondern immer nur über eine *subjektive Repräsentation* in unserem Gehirn. Diese wiederum entsteht auf Grund einer *Prägung* durch *vorhergehende Erfahrungen*, welche in unserem *Gedächtnis* gespeichert sind.

Die östliche Psychologie hat diesen Prozess bereits vor mehr als zweitausend Jahren aufgedeckt. Beschrieben wird er vor allem in der yogischen Tradition Indiens[33],

---

33 Siehe dazu: G. C. Giacobbe, *La psicologia dello Yoga* (eine psychologische Lektüre der Yogasutren von Patanjali), Genua 1994. Jetzt habe ich es endlich geschafft, eines meiner Bücher zu zitieren. Jedenfalls ist es nicht wahr, dass das Selbstzitat der Strohhalm ist, nach dem nur gescheiterte Schriftsteller greifen. Vielmehr handelt es sich dabei um eine ausgesprochen billige Möglichkeit, Werbung in eigener Sache zu machen, wenn nie-

wo man vom Gesetz des Karma[34] spricht. Für uns Abendländer hat Freud diese Entdeckung Anfang des 20. Jahrhunderts noch einmal gemacht.

Aus dem Gesagten geht eindeutig hervor, dass die beiden Welten, die Welt der Wirklichkeit und die Welt in unserem Kopf, voneinander verschieden und getrennt sind, da sie voneinander verschiedene und nicht miteinander verbundene Objekte bzw. Ereignisse »enthalten«.

Ein wenig vereinfacht gesagt:

*Die wirkliche Welt ist real.*
*Die Welt in unserem Kopf ist nichtreal.*

Wenn wir die Wirklichkeit so erfahren wollen, wie sie ist, müssen wir daher aufhören zu denken. Nur so entgehen wir der Konditionierung durch unser Gedächt-

mand anderer es tut. Dabei gibt es nur ein Problem: Irgendjemand muss zumindest eines Ihrer Bücher lesen, wenn der Trick funktionieren soll. Daher, mein lieber, verehrter und hoch geschätzter Leser, gilt meine ganze Bewunderung Ihnen. Tragen Sie nur weiter dazu bei, dass mein Same Verbreitung findet. Im übertragenen Sinne natürlich. Realiter kann ich selbst dafür sorgen.

34 Karma bedeutet wörtlich übersetzt »Erfahrung«, verstanden als Konsequenz einer Handlung. Tatsächlich ist damit die Konditionierungsfunktion der in unserem Gedächtnis abgespeicherten Lebenserfahrung gemeint.

nis[35]. Dies wiederum erreicht man nur, wenn man Kontrolle über den Geist erlangt, so dass dieser sich nicht mehr von den eigenen Gedanken konditionieren lässt. Dies wiederum kann vollständig nur ein Buddha bewerkstelligen[36].

Normalerweise sind wir durch und durch von unseren Gedanken geprägt. Das bedeutet nicht nur, dass wir die Welt so wahrnehmen, wie unser Denken sie uns zeigt. Vielmehr sind wir so in unsere Gedankenwelt versunken, dass wir die Wirklichkeit gar nicht mehr wahrnehmen.

Das Tragische daran ist, dass wir normalerweise in jener Welt in unserem Kopf leben und nicht in der Wirklichkeit. Je mehr dies der Fall ist, umso ausgeprägter ist unsere Neurose. Und was wir in jener Welt in unserem Kopf erleben, ist nicht real. Es handelt sich vielmehr um eine *fantastische Kinovorstellung seitens unseres Geistes*. Die wir jedoch tragischerweise für völlig real

35 »Wahrheit liegt niemals in der Vergangenheit. Die Wahrheit der Vergangenheit ist die Asche der Erinnerung. Erinnerung gehört der Zeit an, und in der toten Asche von gestern gibt es keine Wahrheit. Wahrheit ist etwas Lebendiges und hat mit der Zeit nichts zu tun.« Krishnamurti, J., *Revolution durch Meditation*, Bern 1981.

36 Kein Grund zur Verzweiflung. Ich schreibe eben an meinem neuesten Buch *Wie man zum Buddha wird* und bin sicher, dass es in Bälde erscheint.

halten. Dies ist die Grundlage unseres Leidens. Der Stoff, aus dem es gemacht ist.

Hirnwichserei eben.

Kapitel 5

# Warum es besser ist, mit der Hirnwichserei aufzuhören

Masochisten können auch dieses Kapitel - wie schon das vorhergehende - schadlos überspringen. Sie genießen ihre Hirnwichserei. Daher kann es ihnen egal sein, warum es besser ist, damit aufzuhören[37].

Wenn Sie also ein/e ganz normale/r HirnwichserIn sind und kein/e verdammte/r MasochistIn, dann wird es Sie vermutlich interessieren, weshalb Sie besser aufhören, mental zu masturbieren. Die Antwort ist so kinderleicht, dass es keiner weiteren Erklärung bedarf[38]. Oder etwa doch?

---

37 Arme Masochisten! Wenn ich ihnen weiterhin empfehle, einzelne Kapitel ganz zu überspringen, werden sie von meinem Buch am Ende gar nichts mitkriegen, und das ist auch nicht in Ordnung. Warum sollen die anderen den ganzen Sermon über sich ergehen lassen müssen, während sie nur einen Teil davon abbekommen? Also, liebe Masochisten, wisst ihr, was ich euch sage? Lest einfach ebenfalls das ganze verdammte Buch. Lest es zweimal. Auf diese Weise verschafft ihr euch so viel Schmerz, Leid und Ärger, dass ihr vor Wonne aufstöhnen werdet.

38 Was damit gemeint ist? Also, können Sie sich beim Lesen nicht ein klein wenig anstrengen!

Um nicht mehr leiden zu müssen! Denn es liegt doch auf der Hand, dass Hirnwichserei, vor allem wenn sie negativer Natur ist, Leiden schafft. Wie wir eben gesehen haben, ist Hirnwichserei nichts anderes als die unaufhörliche automatische Reproduktion von Gedanken, die Spannung erzeugen, also Leid auslösen, weil sie aus einem Gefühl der Angst und Bedrohung heraus entstehen. Unser Gehirn fürchtet um die Unversehrtheit unseres Ich, und zwar nur in den seltensten Fällen des realen Ich. Es geht hier vielmehr um das *symbolische* Ich.

Wenn Sie also nicht mehr leiden und stattdessen das Leben einmal genießen wollen, dann müssen Sie Schluss machen mit der Hirnwichserei.

Wenn Sie kein/e verdammte/r HirnwichserIn sind, dann wird Ihnen die Bedeutung dieser Erkenntnis unmittelbar einleuchten.

Ende des Kapitels. (Kurz, nicht? Echt geil!)

Kapitel 6

# Wie man es anstellt, mit der Hirnwichserei aufzuhören

## Ein kleines Vorwort *zwischendurch*[39]

Dieses Kapitel ist nur für nichtneurotische Leser gedacht, also für eine absolute Minderheit[40]. Die neurotischen Leser (vor allem solche obsessiver, depressiver und phobischer Natur, letztlich also alle) sollten zum Anhang weiterblättern und sich dort mit folgendem Thema beschäftigen: *Was soll ein armer Neurotiker möglichst obsessiver Prägung tun, um sein Hirnwichsproblem in*

39 Ich musste es so nennen, sonst wäre das Vorwort am Buchanfang beleidigt gewesen. Es glaubt nämlich, das Einzige auf der Welt zu sein. Aber so sind die Vorwörter eben: größenwahnsinnig und leicht beleidigt.

40 Genauer gesagt: Quasi eine Nullmenge, wenn man davon ausgeht, dass die Grundmenge aus den Lesern dieses Buches besteht. Auf jeden Fall eine der kleinsten Gruppierungen in der Geschichte der Bevölkerungsstatistik. Dies bedeutet, dass ich dieses Kapitel für niemanden geschrieben habe. Vermutlich gilt das für das ganze Buch. Ich fühle, wie meine Moral sinkt – weit unter die Gürtellinie.

*den Griff zu bekommen?* Um nämlich die Technik anzuwenden, die Sie in diesem Kapitel vorfinden, muss Ihr Gehirn zumindest einigermaßen funktionieren.

Wenn Sie dieses Buch lesen, sind Sie höchstwahrscheinlich neurotisch veranlagt. Sind Sie das nämlich nicht, sondern stattdessen glücklich und zufrieden, wozu bitte lesen Sie es dann? Vermutlich sind Sie sogar ein obsessiver Neurotiker, denn nur obsessive Neurotiker kaufen Bücher wie dieses. Aber Sie sind sicher davon überzeugt, kein Neurotiker zu sein, und gehen in die Luft wie eine Rakete, wenn jemand wie ich behauptet, dass Sie doch einer sind. Also, wenn Sie jetzt in die Luft gegangen sind, dann sind Sie zwangsläufig ein Neurotiker. Hegen Sie dagegen Zweifel, dann rufen Sie einen Psychotherapeuten an, vereinbaren Sie einen Termin und klären Sie die Sache mit ihm/ihr[41].

Wenn ich es mir recht überlege, dann werden Sie als braver Neurotiker (vor allem, wenn es sich um eine obsessive Neurose handelt) sich hüten, meinem Rat zu folgen. Stattdessen werden Sie dieses Kapitel genauestens studieren und sich einen Spaß daraus machen, mich bei jeder Gelegenheit zu widerlegen. Auf diese Weise haben Sie alles unter Kontrolle und in Ihrem gut

41 Wenn Sie dabei herausfinden, dass Sie gesund, der Therapeut aber hochneurotisch ist, dann heißt das, dass Ihr Therapeut nichts taugt, weil seine Überzeugungskraft auf einer Skala von eins bis zehn locker bei minus zwanzig liegt.

ausgeleuchteten Universum bleibt auch nicht ein dunkler Fleck zurück.

Sind Sie als Neurotiker eher depressiv veranlagt, dann habe ich einen guten Rat für Sie: Hopp, mein/e Liebe/r! Raffen Sie sich auf und ziehen Sie sich dieses Kapitel rein. Für Sie ist es ohnehin egal, welches Kapitel Sie lesen. Meinetwegen können Sie danach auch den Löffel abgeben. Wenn Sie mir nun das Gegenteil beweisen und nicht auf der Stelle sterben wollen, dann tröste ich mich eben damit, dass Sie nach weiteren fünfzig Jahren des Leidens wohl endgültig genug haben werden. Niemand weiß, wieso, aber tatsächlich finden Depressive diesen Gedankengang schrecklich, während er für sie doch eigentlich ein Hochgenuss sein müsste.

Nun ja, summa summarum ist es mir gelungen, mich selbst davon zu überzeugen, dass am Ende wohl doch noch irgendjemand dieses Kapitel lesen wird. Nun ist meine Moral wieder gestiegen. Wenigstens bis über die Gürtellinie. Jetzt kann ich der Damenwelt wieder gegenübertreten, ohne dass sie hinter meinem Rücken – oder vielleicht sogar vor meinen Augen – in wütendes Gezeter ausbricht, weil ich angeblich ein Schwein bin.

Dies ist übrigens ein typisches Beispiel für eine Hirnwichserei mit positiver Wirkung.

## Die Depression

Dies ist das wichtigste Kapitel des Buches. Eigentlich hätten Sie die vorigen gar nicht lesen müssen. Nun werden Sie natürlich sagen: »Na toll! Wieso erfahre ich das erst jetzt, wo ich sie schon gelesen habe?« Nun ja, was will man machen. So ist das Leben halt. Man merkt meist erst hinterher, dass man sich eine Sache gut hätte schenken können. Das ist ganz normal. Wenn Sie etwas nicht probieren, woher wollen Sie dann wissen, dass es Ihnen nichts bringt? Genauso geht es mir jetzt: Eben stelle ich fest, dass alles, was ich bisher geschrieben habe, nicht so wichtig war wie das, was ich jetzt zu Papier bringe.

Zwei Anmerkungen hätte ich allerdings noch dazu: Zunächst einmal gilt diese Aussage natürlich nur für die *Vergangenheit*. Als die Vergangenheit noch Gegenwart war, schien mir nämlich das, was ich zu schreiben hatte, wirklich wichtig.

Diese scheinbar so überflüssige Bemerkung habe ich absichtlich gemacht. Es geschieht nämlich häufig, dass wir uns mit negativen Werturteilen über die Vergangenheit die Gegenwart vermiesen. Resultat: Wir sind deprimiert, weil wir glauben, Fehler gemacht zu haben. Es handelt sich also um eine klassische Form der Hirnwichserei.

Natürlich können wir auch Fehler gemacht haben.

Doch falsch handeln wir erst, wenn wir auf die Fehler mit Mutlosigkeit reagieren, statt daraus eine Lehre zu ziehen.

Anmerkung zwei: Auch das, was ich in den vorhergehenden Kapiteln ausgeführt habe, muss eine tiefere Bedeutung haben, sonst hätte ich nicht das Bedürfnis empfunden, es niederzuschreiben.

Dies ist eine sehr vorteilhafte Art, mit der Wirklichkeit umzugehen: Ich sehe in der Gegenwart die positiven Aspekte der Vergangenheit. Betrachtet man hingegen nur die negativen Aspekte und reitet auch noch möglichst ausführlich darauf herum, dann heißt das, dass man sich mit Dingen beschäftigt, die mit der Realität nichts zu tun haben. Ergo: ein Fall von Hirnwichserei.

Ziehen solche *schädlichen* Hirnwichsereien sich lange Zeit hin, dann haben sie schreckliche Konsequenzen: Sie führen in die *Depression*, eine Art von geistigem Selbstmord. Die Depression ist unser größter Feind, denn sie bringt nicht nur Leiden mit sich, sondern endet letztlich in Krankheit und Tod. Die nebenstehende Grafik verdeutlicht auch hier die Zusammenhänge:

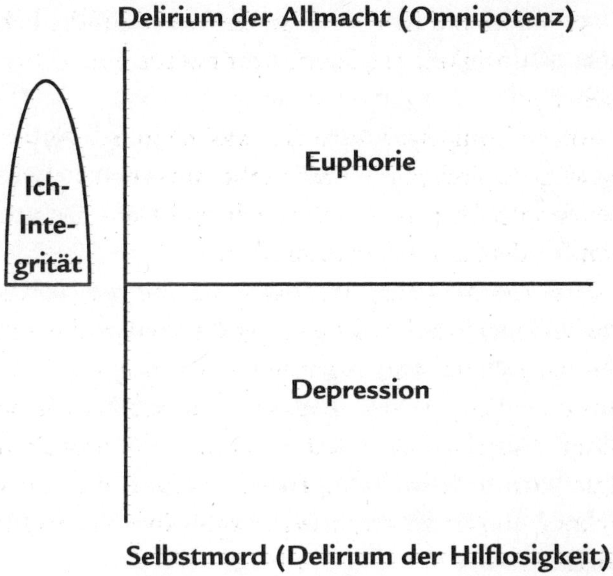


Solange es uns gut geht, wir gesund sind und uns wohl fühlen, befindet unser Ich-Pfeil sich im Bereich der Integrität bzw. Euphorie.

Die Depression hingegen führt immer zum Selbstmord. Bewusst oder unbewusst – das Ich stirbt. Meist ist die Depression ein unbewusster Selbstmord.

Natürlich hat auch die Euphorie einen weniger gesunden Gipfelpunkt: das Delirium der Allmacht. Aber keine Sorge, das trifft auf Sie ganz sicher nicht zu, denn sonst hätte ich vermutlich bereits von Ihnen gehört oder Sie hätten versucht, dieses Buch beschlagnahmen zu lassen[42].

Doch dem Ich-Pfeil ist eine gewisse Schwerkraft eigen. Und wie alle Dinge, auf welche die Schwerkraft wirkt, zeigt er eine Tendenz, sich nach unten zu neigen (wie jeder impotente Mann nur zu gut weiß)[43], also der *Depression* zu.

Freud hat dies den *Todestrieb* oder *Thanatos-Trieb* genannt. Thanatos war der griechische Gott des Todes.

Wir tendieren also im Normalfall eher zur Depression, vor allem, wenn wir über fünfundzwanzig sind und der zelluläre Katabolismus einsetzt, was bedeutet, dass täglich mehr Zellen absterben als neu gebildet werden. Daher müssen wir uns mit allen Mitteln der Depression erwehren, wenn wir wollen, dass es uns gut geht.

Sind Sie bereit, alles, aber auch wirklich alles zu tun, um nicht in Depression zu verfallen? Alles, was zählt, ist, dass unser Ich nicht in die Depression abrutscht. Denken Sie jetzt auch, dass ein Schnellkurs »Wie werde ich Adolf Hitler?« in vier Lektionen vielleicht gar nicht so schlecht wäre? Vergessen Sie's. Diese vier Lektionen würde kein Mensch durchhalten. Und wer will schon

42 Mein Gott, wenn ich so darüber nachdenke: Sie sind doch nicht etwa der ALLMÄCHTIGE persönlich? Dann ist es aus mit mir. Erbarmen!

43 Übrigens: Es gibt keine impotenten Männer. Nur Männer, die sich für impotent halten (und es in der Folge auch werden).

ernsthaft wie Hitler sein? Hätten Sie vielleicht den Schneid, mit solch einer affigen Barttracht durch die Gegend zu spazieren?

Da die primäre Ursache der Depression die negative Hirnwichserei ist, müssen wir, wenn wir konkret etwas unternehmen wollen, hier ansetzen: Wie fängt man es an, die schädliche Gewohnheit der Hirnwichserei loszuwerden? Wie stellen wir es an, nicht wegen jeder Kleinigkeit in Panik zu verfallen, die unser Gehirn zum Frontalangriff auf unser symbolisches Ich umdeutet? Wie gelingt es uns, nicht mehr an Dinge zu denken, die nichts mit der Realität zu tun haben und die wir trotzdem als Gefahr betrachten? Wie stellen wir es überhaupt an, nicht mehr an etwas zu denken?

Diese grundlegenden Fragen eröffnen zwei Problemkreise. Zum einen: Sind wir in der Lage, das Denken an bestimmte Dinge aufzugeben bzw. sind wir in der Lage, das Denken *tout court* (was keineswegs »ganz kurz« heißt, wie übelgesinnte Geister denken mögen, sondern »ganz einfach«) aufzugeben?

Die Antwort lautet: Ja.

Die zweite Frage heißt: Und wie? Die Antwort darauf finden Sie in diesem Kapitel. (Irgendwo! Dieser Hinweis hat die Funktion einer subliminalen Botschaft an Ihr Unbewusstes, das heißt, er will Sie unauffällig zum Weiterlesen anregen.)

# Geistige Präsenz

An diesem Punkt möchte ich Ihnen vorschlagen, eine kleine Pause einzulegen und sich eine kleine Ablenkung zu gönnen. Eine kalte Dusche eignet sich hierzu hervorragend. Auch ein Spaziergang von Ihrem Wohnort nach Hintertupfing wäre nicht schlecht. Gesetzt den Fall, Sie haben keine Dusche und wohnen bereits in Hintertupfing: Ja, dann weiß ich auch nicht ... Vielleicht sollten Sie schnell ein wenig auf Ihrer Veranda herumhüpfen. Natürlich nur, wenn diese nicht mehr minderjährig ist. Oder ist Veranda in Ihrem Land etwa kein Frauenname? Nur zu. Aber beschweren Sie sich dann nicht, wenn Sie danach zu müde zum Lesen sind. Was nun folgt ist nämlich harte Kost, die Ihre gesamte Aufmerksamkeit fordern wird.

Nehmen wir also einmal an, dass Sie mit wachem, geschärftem Verstand – der mindestens so scharf ist wie das Ockhamsche Rasiermesser; nein, der Typ ist nicht mein Friseur, Sie IgnorantIn[44] – meinen Ausführungen folgen, dann wird folgende Therapievorschrift Sie unweigerlich zum Erfolg führen: Hören Sie mit Ihrer

44 Schlagen Sie in einer Philosophiegeschichte nach, zum Beispiel in: Russell, Bertram, *Philosophie des Abendlandes*, Köln 2003, S. 477 ff. Dort schreibt der Gute sich allerdings William von Occam. Wenn Sie schon dabei sind, können Sie zur Anhebung Ihres Wissensstandes auch gleich alle 855 Seiten lesen.

Hirnwichserei auf! Oder ist das jetzt schon wieder Hirnwichserei?

In seinem Buch *Wie Siddharta zum Buddha wurde*, für das der vietnamesische Zenmeister Thich Nhat Hanh in Chinesisch und Pali[45] verfasste kanonische Texte herangezogen hat und das meiner Ansicht nach die verlässlichste Biografie Buddha Shakyamunis darstellt, finden wir folgenden leicht verständlichen Absatz, der simpel und einfach gehalten ist, weil er sich an Kinder wendet, was bedeutet, dass sogar Sie dem Inhalt werden folgen können: Auf diese Weise können Sie nicht mehr behaupten, den Buddhismus nicht zu verstehen, weil er zu »esoterisch«[46] sei.

*Ihr seid alles intelligente Kinder, und ich bin sicher, dass ihr die Dinge, die ich mit euch teilen möchte, verstehen und üben könnt.*

*Der Große Pfad, den ich entdeckt habe, ist tiefgründig und subtil, doch die, die willens sind, ihr Herz und ihren Geist darauf zu richten, können ihn verstehen und ihm folgen.*

*Kinder, wenn ihr eine Mandarine schält, dann könnt ihr sie mit Achtsamkeit essen oder ohne Achtsamkeit.*

45 Die deutsche Fassung erschien 1998 beim O. W. Barth-Verlag.
46 Was soll das überhaupt heißen, »esoterisch«? Meinen Sie damit vielleicht eine Kombination aus »exotisch« und »hysterisch«?

*Was bedeutet es, eine Mandarine mit Achtsamkeit zu essen?*

*Esst ihr eine Mandarine achtsam, so ist euch bewusst, dass ihr eine Mandarine esst. Ihr erfahrt vollkommen ihren lieblichen Duft und ihren süßen Geschmack.*

*Schält ihr die Mandarine, so wisst ihr, dass ihr eine Mandarine schält. Nehmt ihr ein Stück und steckt es in den Mund, so wisst ihr, dass ihr ein Stück nehmt und es in euren Mund steckt. Empfindet ihr den lieblichen Duft und den süßen Geschmack, dann wisst ihr, dass ihr den lieblichen Duft und den süßen Geschmack empfindet.*

*Kinder, was bedeutet es, eine Mandarine ohne Achtsamkeit zu essen?*

*Esst ihr eine Mandarine so, dann ist euch nicht bewusst, dass ihr eine Mandarine esst. Ihr empfindet nicht ihren lieblichen Duft und ihren süßen Geschmack.*

*Schält ihr die Mandarine, so wisst ihr nicht, dass ihr eine Mandarine schält. Nehmt ihr ein Stück und steckt es in euren Mund, so wisst ihr nicht, dass ihr ein Stück nehmt und es in euren Mund steckt. Riecht ihr den Duft der Mandarine und schmeckt ihr sie, so wisst ihr nicht, dass ihr den Duft der Mandarine riecht und sie schmeckt.*

*Esst ihr die Mandarine auf diese Weise, so könnt ihr nicht ihre kostbare, wundervolle Natur wertschätzen.*

*Ist euch nicht bewusst, dass ihr eine Mandarine esst, so ist die Mandarine nicht wirklich.*

*Ist die Mandarine nicht wirklich, dann ist auch die Person, die sie isst, nicht wirklich.*

*Das bedeutet, Kinder, eine Mandarine ohne Achtsamkeit zu essen.*[47]

Dies ist also das ganze Geheimnis:

*Wenn wir mit unserer Hirnwichserei aufhören wollen, müssen wir unsere Aufmerksamkeit dem zuwenden,*
*was wir gerade tun,*
*was gerade geschieht,*
*was sich um uns herum abspielt.*

Aufhören zu denken.

Aufhören, auf schädlichen Gedanken herumzukauen.

Aufhören mit der Hirnwichserei.

»Tolle Erkenntnis!«, höre ich Sie jetzt ausrufen. »Um von der Hirnwichserei loszukommen, muss ich also von der Hirnwichserei loskommen.« Wenn Sie nur einen Funken Bildung im Leib hätten[48], würden Sie zu mir sagen: »Aber das ist doch eine Tautologie!«

Das ist einfach ungerecht. Wenn Sie das Ganze noch einmal aufmerksam durchlesen, werden Sie merken,

---

47 a.a.O., S. 122ff.

48 Das mit dem gebildeten Leser ist ein Spleen von mir. Eigentlich befürchte ich nämlich, dass ich meine Leser mit dem Lasso werde einfangen müssen. Dabei hätte ich so gern ein paar Leser. Noch besser wären natürlich attraktive Leserinnen.

dass ich Ihnen nicht nur gesagt habe, dass Sie mit der Hirnwichserei aufhören müssen, sondern auch noch wie. Aber natürlich gehört auch ein gewisser Wille dazu. Und ich habe Ihnen verraten, worauf Sie Ihren Willen richten sollen. Ihr Wille muss Ihre *Aufmerksamkeit* in Gang setzen. Sie müssen Ihre Aufmerksamkeit ganz einfach auf das richten, *was Sie gerade tun*. Das nennt Buddha »geistige Präsenz«. Geistige Präsenz ist das Geheimrezept, das uns erlaubt, der Hirnwichserei den Garaus zu machen.

Daraus folgt:

*In der Wirklichkeit gegenwärtig zu sein*
*ist der Schlüssel zur Lebensfreude.*

Sind Sie nämlich bei allem, was Sie tun, geistig voll dabei, dann können Sie Ihr Tun auch genießen. Doch wie so vieles im Leben, ist natürlich auch das leicht gesagt und schwer getan. Aber es gibt ein System dafür, eine Art Technik. Und genau darum geht es im folgenden Absatz.

## Die Welt

An diesem Punkt kann ich mich wohl mit Fug und Recht derselben Worte bedienen, die auch dem Schöpfer über die Lippen purzelten, als jemand ihn darauf hinwies, dass sieben Tage zur Erschaffung der Welt vielleicht doch ein bisschen viel seien: »Mach mir keinen Stress, zum Teufel!«[49]

Alle wichtigen Dinge ergeben sich nach und nach. Tatsächlich wird geistige Präsenz in drei aufeinander folgenden Stufen erlangt, die jede für sich gemeistert werden muss. Die erste Stufe wird in diesem Abschnitt beschrieben, die zweite im Abschnitt »Der Körper«, die dritte im Abschnitt über den Geist.

Im ersten Schritt zur Erlangung geistiger Präsenz geht es darum, seine Aufmerksamkeit auf unsere Umwelt zu richten, das heißt auf *die materielle Welt, die uns umgibt.* Auf die *Wirklichkeit* also. Wie Buddha gesagt hat, werden Objekte oder Ereignisse, auf die wir unsere Aufmerksamkeit richten, für uns real. Und nicht nur das. Sie bekommen ein ganz besonderes Gesicht. Plötzlich nehmen wir sie in ihrer ganzen Einzigartigkeit und Schönheit wahr. Wir können sie ganz in uns aufnehmen und genießen.

Stellen Sie sich vor, Sie gehen durch die Straßen und begegnen einem Menschen, der Ihnen zulächelt. Wenn

49 Natürlich wusste der Schöpfer damals schon, welch unrühmliche Rolle der Teufel in seiner Schöpfung einnehmen würde. Deshalb beleidigte er ihn schon, noch bevor er die Welt erschaffen hatte. In weiser Voraussicht quasi. Ganz schön schlau, unser Schöpfer, nicht wahr?

dieses Lächeln nun an Ihrem Bewusstsein gleichsam abperlt wie das Wasser von den Federn einer Möwe, dann existiert dieser Mensch für Sie überhaupt nicht. Und wenn er für Sie nicht existiert, dann gilt dies auch umgekehrt.

Falls Sie so Ihr Leben zubringen, dann rasen Sie auf den Tod zu, ohne überhaupt irgendetwas wahrzunehmen, ohne wirklich zu leben, ohne das Leben zu genießen. Genauer gesagt leben Sie auf diese Weise gar nicht.

Halten Sie jedoch inne, um zu beobachten, bewusst zu leben, geistige Präsenz zu erfahren, und zwar in jedem Augenblick, mit jedem Menschen, jedem Ding, jeder Situation, die Ihnen begegnet, dann erst haben Sie wirklich gelebt, waren in Ihrer Welt, Ihrer Zeit präsent, waren in Ihrem Leben tatsächlich anwesend, statt sich auf die Rolle des Gespensts zu kaprizieren, das durch Ihr Leben huscht, ohne Spuren zu hinterlassen.

Sobald Sie Ihre Aufmerksamkeit Ihrer Umgebung zuwenden, entdecken Sie tausend kleine Wunder, die Ihnen vorher gar nicht aufgefallen sind, weil Sie ständig mit Ihrer Hirnwichserei beschäftigt waren.

Fangen Sie jetzt sofort damit an. Beobachten Sie Ihre Umwelt. Beobachten Sie die Dinge und Menschen um Sie herum, hübsch nacheinander, aufmerksam und ruhig[50]. Machen Sie sich keine Sorgen. Sie müssen absolut nichts erreichen. Es gibt nichts, was Sie tun oder lassen müssten. Sie beobachten nur. Nichts weiter. Werden Sie völlig passiv. Sie sind nur BeobachterIn, sonst nichts. Sie sind Bewusstsein, das einfach aufnimmt, was in der Umgebung vorgeht. Vermutlich merken Sie bald, dass Sie Teil dieser Wirklichkeit sind. Sie werden zu den Objekten, die Sie beobachten. Dann sehen Sie die Dinge so, wie sie wirklich sind, ohne sie durch die Interpretationsraster in Ihrem Geist zu verändern.

Wieso das denn? Weil Sie, wenn Sie beobachten und ganz darin aufgehen, Ihre Aufmerksamkeit also mit dem verschmilzt, was Sie beobachten, endlich aufhören können zu denken. Sie setzen der Hirnwichserei ein Ende. Normalerweise reagiert unser Gehirn nämlich wie der Mikrochip eines Computers: Selbst wenn es sehr schnell arbeitet – obwohl es nie die Verarbeitungs-

50 Das bedeutet natürlich, dass Sie zuerst einmal dieses Buch aus dem Fenster werfen müssen. Natürlich könnte dies das arme Opfer, dem es auf den Kopf fällt, dazu verführen, es zu lesen, was im Grunde kein schlechter Weg zu seiner Verbreitung ist. Da es mir jedoch ein wenig verfrüht erscheint, dieses Buch jetzt schon aus dem Fenster zu werfen (Ich verspreche Ihnen: Wenn Sie es beendet haben, wird der gezielte Wurf Ihnen viel mehr Befriedigung verschaffen!), tun wir doch so, als wäre alles, was ich im Moment sage, nur Fiktion – vielleicht haben Sie ja auch längst gemerkt, dass dem so ist –, die ihren praktischen Wert erst dann erhält, wenn sie in die Wirklichkeit übersetzt wird.

geschwindigkeit eines Computers erreicht –, kann es nicht mehr als einen »Input«, in diesem Falle also eine Idee, eine Wahrnehmung, ein Gefühl, eine Empfindung auf einmal verarbeiten. Möglicherweise kann in unserem Gehirn-Schaltkasten nie mehr als eine bestimmte Anzahl von Drähten aktiv werden. Der Mensch ist zwar durchaus in der Lage, sehr viele Schaltkreise gleichzeitig zu aktivieren, doch dies ist eine Ausnahmesituation, die sich »Intuition« nennt. Davon soll später noch die Rede sein. Für den Moment aber lassen wir sie einmal beiseite.

Wenn Sie sich also auf Ihre Umgebung konzentrieren, wird die Denkmaschinerie nicht aktiviert. Versuchen Sie es ruhig, wenn Sie mir nicht glauben. Allerdings werden Sie diesen Zustand geistiger Leere, diese Erfahrung des Teilhabens an der Wirklichkeit, nicht allzu lange aufrechterhalten können. Das Denken, das automatische Denken, das von der Spannung in Ihrem Innern hervorgerufen wird und sich in dem tiefen Verlangen nach mentaler Aktivität ausdrückt, durch welche Spannung abgebaut werden soll, dieses Denken nimmt seinen Fluss schnell wieder auf, sein beinahe undurchdringliches Wirbeln. Es trägt Sie mit sich fort in einen Zustand der Unbewusstheit, der mangelnden Realitätswahrnehmung. Wenn Sie in diesem Gedankenfluss »schwimmen«, ist das, als würde ein wilder Strom Sie mit sich fortreißen: Sie können sich an dem wunderschönen Panorama, das die Landschaft bietet, nicht mehr erfreuen. Wenn Sie es denn überhaupt wahrnehmen, werden Sie sofort weitergerissen, so dass nur ein unscharfes Bild zurückbleibt.

Aber natürlich können Sie, wenn Sie das wollen, jederzeit in den Zustand der Beobachtung zurückkehren. Jetzt wissen Sie ja, wie das geht. Es genügt, wenn Sie Ihre Aufmerksamkeit auf Ihre Umwelt richten, ohne etwas zu wollen, zu beabsichtigen, zu tun. Nur beobachten. Werden Sie zu den Dingen, den Menschen, den Situationen, der Welt. Werden Sie zur *Wirklichkeit.* So als träten Sie aus dem reißenden Strom heraus, setzten sich ans Ufer, um aufmerksam und voller Ruhe, mit der Hingabe eines Liebenden, das Panorama zu betrachten, das Sie umgibt, und den machtvollen Strom, der zu Ihren Füßen weiterfließt.

Ein altes Paradoxon des Zenon von Elea besagt, dass die Zeit, falls sie verfließt, nicht existieren kann. Da der Augenblick nicht innehalten kann, gibt es ihn nicht. Sobald er beginnt, ist er auch schon verflogen.

Dies ist für uns eine zutiefst existenzielle Wahrheit. Wenn wir im Strom unserer Gedanken untergehen und uns mit ihm identifizieren, dann kann er in Wahrheit nicht existieren, weil er – wie der unaufhaltsame Fluss der Zeit – ein ständiges Werden ist. Er existiert nicht im Bewusstsein der Existenz, denn diese ist nicht Werden, sondern *Sein.*

Das Sein aber kann nur wahrgenommen werden, wenn der Strom der Gedanken anhält, wenn das Denken schweigt, wenn sich in uns die Stille ausbreitet. Eine Stille, in der wir endlich die Wirklichkeit erkennen, zu ihr werden, weil wir aus der gepanzerten Welt unserer Einbildung, aus der Isoliertheit unseres Verstandes heraustreten. Wenn wir in uns die *innere Stille* wahrnehmen.

Im Osten nennt man diesen Zustand gewöhnlich *Meditation*. Da diese bei der praktischen Beendigung der Hirnwichserei eine enorme Rolle spielt, habe ich ihr einen eigenen Abschnitt gewidmet.

## Meditation

Den Zustand der inneren Stille nennt man traditionell Meditation[51].

51 Der Begriff »Meditation« wird auch im westlichen Kulturkreis verwendet. Dort gehört er ins religiöse Umfeld und bezeichnet eine vor allem in den Klöstern weit verbreitete Praxis, bei der man seine Aufmerksamkeit auf so genannte *erbauliche* Themen richtet, die mit dem Glauben zu tun haben: das Geheimnis des Glaubens, die Lehre Christi, das Leben der Heiligen und so weiter. Die östliche Praxis der inneren Stille wurde genauso bezeichnet, weil die äußerliche Haltung des Gläubigen dabei ähnlich ist, im Prinzip sind dies jedoch zwei verschiedene Dinge. Eigentlich müsste die Praxis der inneren Stille eher als Kontemplation bezeichnet werden. Da sich der Begriff der Meditation jedoch eingebürgert hat, wird er hier weiter verwendet.

*Wenn der Geist wacht und der Bewegung des Lebens lauscht, der äußeren und der inneren, überkommt den Menschen ein Schweigen, das kein Stückwerk des Denkens ist. Es ist kein Schweigen, das der Beobachter erfahren kann. Wenn er es erfährt und es wieder erkennt, ist es nicht länger Schweigen. Das Schweigen des meditativen Geistes liegt nicht innerhalb des Bereichs des Erkennbaren, denn dieses Schweigen hat keine Grenzen. Da ist nur Schweigen – in dem es den trennenden Raum nicht mehr gibt.*[52]

Sie sollten lernen zu meditieren.

In der östlichen Tradition heißt Meditation einfach, dass wir aufhören zu denken und uns mit dem Ich zu identifizieren. Stattdessen tauchen wir ein in unser ursprüngliches und authentisches psychisches Erleben: die Bewusstheit.

52 J. Krishnamurti, *Revolution durch Meditation*, Bern (2) 1982, S. 20. Diese etwas nebulöse Beschreibung (die in dieser Hinsicht allen anderen Beschreibungen aus dem östlichen Kulturkreis ähnelt) habe ich vor allem deshalb ausgewählt, weil sie aus dem einzigen Buch stammt, das meiner Ansicht nach die Zen-Meditation sinnvoll beschreibt. Gemeint ist hier einfach, dass in der geistigen Stille (oder Leere), in der das Denken zum Stillstand kommt und nur noch die reine Präsenz der Empfindungen und des Seinsbewusstseins vorhanden ist, auch die Identifikation mit dem Ich aufhört, mit dem Bewusstsein der eigenen Individualität, die für das Denken charakteristisch ist. Der Akt des Beobachtens wird damit im Wesentlichen unpersönlich.

Meditation beginnt mit der simplen Beobachtung dessen, was Sie umgibt. Ziel ist, an einen Punkt zu kommen, an dem Sie sich in aller Seelenruhe in einem beliebigen Raum aufhalten können und es genießen, ihn in all seinen Aspekten zu erforschen[53].

Im nächsten Schritt versuchen Sie, die Konzentration fallen zu lassen. Das bedeutet, Sie richten Ihre Aufmerksamkeit nicht mehr auf irgendetwas Bestimmtes.

Sie kennen diese Erfahrung. Dieser Zustand der ungerichteten Aufmerksamkeit ist unser Naturzustand, der Urzustand des Menschen. Für Kinder ist dies der Normalzustand[54].

---

53 Dies ist ein wichtiger Test für alle Neurotiker: Wenn Sie es nicht schaffen, eine Stunde lang ruhig zu bleiben und den Raum vor Ihnen zu betrachten, sondern sich ständig fragen: »Was zum Teufel tue ich hier? Wie der größte Trottel bringe ich meine Zeit in einem geschlossenen Raum zu und versuche mich an dem Käse, den der Typ mit dem Buch über die Hirnwichserei geschrieben hat! Ich muss doch verrückt sein!«, dann bedeutet das, dass Sie wirklich hoch neurotisch sind. Dann sollten Sie mit mir einen Termin ausmachen, bei dem ich Ihnen schon beibringen werde, wie man einen ganzen Nachmittag lang einen Raum kontempliert, ohne zu meckern! Am besten eignet sich hierfür mein Wartezimmer, dort finden Sie gewöhnlich auch noch einige Leidensgenossen vor.

54 »Von sich aus konzentrieren Kinder sich nicht. Ihr Bewusstsein ist nach allen Seiten hin offen. Alles wird aufgenommen, nichts ausgeschlossen. Das Kind ist für jede Erfahrung offen. Sein Bewusstsein schlägt nichts aus.« Bhagwan Shree Rajneesh, *Meditazione Dinamica*, Rom 1979, S. 15f., übersetzt nach der italienischen Vorlage von E. Liebl.

Schicken Sie Ihre Aufmerksamkeit in die Ferien.

Lassen Sie Ihren Blick weit werden.

Lassen Sie Ihren Geist treiben.

Zu diesem Zweck sollten Sie vollkommen passiv werden. Beobachten Sie, was um Sie herum vorgeht. Nehmen Sie alles auf wie ein Schwamm. Ihren Körper, Ihre Empfindungen, Ihre Gedanken. All das, was sich Ihrem Bewusstsein präsentiert. Ohne einen Unterschied zu machen. Ohne etwas zu wünschen. Ohne etwas abzulehnen. Ohne zu urteilen[55].

Die Meditation erweckt in Ihnen eine große Tügend: die Akzeptanz. Und Sie werden bald feststellen, dass Akzeptanz *Liebe* bedeutet. Die Liebe, die universelle Liebe, von der Buddha spricht, wird ganz spontan und natürlich in Ihnen entstehen. Die Menschen, mit denen Sie zu tun haben, werden es wahrnehmen, was Ihr Leben zutiefst verändern wird. Und Sie werden das Glück kennen lernen, das Liebe und Zufriedenheit bedeuten.

Erst wenn Sie gelernt haben, in innerer Stille zu verweilen, zu beobachten, ohne dass das Denken sich einschaltet, wenn Sie zu den Dingen und Menschen

---

55 Für uns Westler ist es besonders schwierig, in diesen passiven, kontemplativen Geisteszustand einzutauchen. Das liegt daran, dass unsere Welt vom Mythos der *Produktivität* durchdrungen ist – eine klassische Hirnwichserei. Einige Ausnahmen allerdings gibt es: die Neapolitaner zum Beispiel.

werden, die Sie umgeben, zur Welt um sich herum, wenn Sie selbst ganz zur Wirklichkeit werden, die Spannung abgelegt haben, die im Tun, im Erreichen, Verwirklichen, Erobern und Aufbauen steckt, dann und erst dann können Sie beginnen, *achtsam zu handeln*.

Nur wenn Sie vollkommen passiv sein, in der Passivität ganz aufgehen können, vermögen Sie Ihr Leben voller Achtsamkeit zu führen, schöpferisch zu sein. Denn eine Aktivität, die nicht gleichzeitig Passivität in sich trägt, die auf die Welt zugeht, ohne sie in sich aufzunehmen, bleibt unbewusst. Sie findet keinen Eingang ins Bewusstsein. Wenn Sie hingegen beides verbinden können, fangen Sie an, so zu leben, wie Buddha es uns vorgelebt hat. Und das heißt: jede Handlung, jede Interaktion mit der Welt bei voller geistiger Präsenz zu erleben. Dann stellen sich Achtsamkeit, passives Beobachten, innere Stille, die Sie während der Meditation erfahren haben, auch im Alltag ein, im Tun, und sei es noch so sehr von Intensität und Leidenschaft getragen. Dann spüren Sie zwei verschiedene energetische Ebenen in sich. Eine ist der Handlung verbunden, der Aktivität, dem Zugehen auf die Welt. Dies ist Ihre männliche Seite. Die, auch wenn sie für das Überleben wichtig ist, *nicht von Bewusstheit getragen* ist. Die andere Ebene umfasst die Beobachtung, die Passivität, die Akzeptanz der Welt. Dies ist Ihre weibliche Seite. Sie verhält sich komplementär zur ersten und bereichert sie. Denn sie ist von *Bewusstheit* getragen.

Wenn Sie in sich beide Ebenen vereinen, leben Sie Ihr Leben ganz. Sie verwirklichen sich in der Welt und sind in ihr *bewusst präsent*. Was zu einer weiteren Entdeckung führt. Sie werden feststellen, dass alles Tun, das von Bewusstheit und Achtsamkeit geprägt ist, von der Distanz des Beobachters und der damit verbundenen geistigen Präsenz, sehr viel effektiver ist als das mehr oder weniger unbewusste Handeln, das sich quasi blind vollzieht, ohne die helfende Hand einer inneren Führung.

Und dann geht es erst richtig los mit der Verwirklichung: Projekte, Werke, Unternehmungen. Ihre Lebensqualität und die der Menschen, mit denen Sie zu tun haben, wird sich dramatisch verbessern, denn die Menschen werden Sie sympathisch finden, weil Sie immer so freundlich und gelassen sind. Und Sie werden sich tatsächlich für die Menschen in Ihrer Umgebung interessieren.

Sie werden vielleicht weiterhin in Hirnwichserei verfallen, denn das automatische Denken, das letztlich einer elektrischen Überspannung in Ihren neuronalen Netzen entspringt, wird auch weiterhin entstehen – wie Regen, der niedergeht, weil an der Meeresoberfläche Wasser verdampft. Wie Energie, die sich ständig erneuert – die Sie ständig erneuern, mit Ihren Ängsten, Ihren Identifikationen, Ihren Gedankengespinsten.

Aber ganz allmählich, so langsam, wie steter Tropfen den Stein höhlt, werden Ihre Hirnwichsereien zu einem Ende kommen, wenn Sie geduldig und beständig meditieren. Sie graben ihnen sozusagen das Wasser ab. Auch der Regen wird schwächer, wenn die Wolken sich allmählich entleeren.

Wenn Sie erst einmal sicher in der Praxis der achtsamen Beobachtung der Welt verankert sind, können Sie die zweite Stufe des Pfades erklimmen, der Sie zu geistiger Präsenz und zum Ende der Hirnwichserei führen wird.

## Der Körper

Auf der zweiten Stufe zur Verwirklichung geistiger Präsenz geht es darum, die Aufmerksamkeit auf den eigenen Körper zu richten.

Immer wenn Sie sich Sorgen machen, sich vor etwas fürchten, einer Sache nachweinen, etwas haben wollen, das Sie nicht bekommen können, oder etwas loswerden, womit Sie sich nicht auseinander setzen möchten (allerlei Hirnwichsereien zum Beispiel), wenden Sie Ihre Aufmerksamkeit Ihrem Körper zu. Sie werden merken, dass Ihr Atemvolumen eingeschränkt ist, Ihr Herz zu schnell schlägt, Sie einen Knoten im Bauch haben und die Kiefer krampfhaft aufeinander pressen. Die Muskeln an Schultern und Hals werden dabei hart wie Stein.

Beginnen Sie, mit Ihrem Körper zu sprechen, mit Ihren Lungen zum Beispiel, Ihrem Herzen, Ihrem Bauch, Ihrem Kiefer, Ihren Schultern und Ihrem Hals.

Vermutlich sprechen Sie nie mit Ihrem Körper. Sie widmen ihm nicht einen Funken Ihrer Aufmerksamkeit, sondern überlassen ihn mehr oder weniger sich selbst und seinen unwillkürlichen Prozessen. Dann sollten Sie sich eigentlich nicht wundern, wenn Sie früher oder später krank werden. Denn er verschleißt sich in seiner automatischen Anspannung, seinem einsamen Kampf gegen den Stress.

Sprechen Sie mit Ihrem Körper. Sagen Sie ihm, er soll sich entspannen, weil weit und breit keine Bedrohung in Sicht ist. Er ist bei Ihnen vollkommen sicher und in guten Händen. Versprechen Sie ihm, dass Sie ihn beschützen und unterstützen werden. Schließlich wird Ihr Körper lernen, wie er loslassen kann.

Auch dafür werden Sie eine gewisse Zeit brauchen, doch diese Anstrengung ist wirklich der Mühe wert. Ihre Gesundheit wird es Ihnen danken. Und Ihr Leben.

Wenn es Ihnen schwer fällt, sich auf Ihren Körper zu konzentrieren, sollten Sie folgende Methode anwenden: Konzentrieren Sie sich auf Ihren Atem. Die Konzentration auf den Atem ist die einfachste Technik, mit der Sie Ihren Körper von innen erforschen können.

Sie sollten diese Methode nicht unterschätzen. Sie gehört zu den effektivsten der Welt. Es handelt sich dabei nämlich um die persönliche Meditationstechnik von Buddha Shakyamuni. Auf diese Weise trat Buddha ins *Nirwana* ein, wo er all seine mythischen Visionen hatte.

Wenn Sie eine halbe Stunde lang die Konzentration auf den Atem aufrechterhalten können, ohne an etwas zu denken oder Ihre Aufmerksamkeit auf etwas anderes zu richten, dann haben auch Sie einen Blick ins *Nirwana* erhascht.

Trotzdem sollten Sie vielleicht besser meinem Rat folgen: Versuchen Sie's erst gar nicht. Das ist letztlich nur eine andere Form der Hirnwichserei. Außerdem versucht es ohnehin niemand[56].

Die Schwierigkeit bei all diesen Übungen, bei denen man sich auf ein neutrales oder positives Objekt konzentriert, ist schlicht, dass man gewöhnlich einschläft. Und wieso das? Ganz einfach. Die Konzentration auf ein neutrales oder positives Objekt lässt das Spannungsniveau sinken. Der Organismus pendelt sich auf

56 Merkwürdig ist nur, warum niemand es wirklich versucht. Die Gründe dafür sind nämlich absurd. Zum einen glauben die meisten Menschen, keine halbe Stunde Zeit für so ein merkwürdiges Experiment erübrigen zu können. Unglaublich, aber wahr. Zum anderen schafft niemand es, sich eine halbe Stunde am Stück auf den eigenen Atem zu konzentrieren, weil die meisten beim Versuch schon einschlafen wie ein Sack. (Schlafen Säcke tatsächlich so?)

seinem optimalen Energiepegel ein. Da man während der Spannungszustände einen sehr hohen Energieverbrauch hat, liegt dieser Pegel relativ niedrig. Und das natürliche Gegengewicht zur Anspannung während des Tages ist eben der Schlaf.

Versuchen Sie also, nicht einzuschlafen, während Sie sich auf Ihren Atem konzentrieren, sondern wach und achtsam zu bleiben.

Sollte Ihnen die Konzentration auf den Atem spontan gelingen, können Sie zum Körper weitergehen. Vergessen Sie nicht, Ziel und Zweck dieser Übung ist keinesfalls eine wie auch immer geartete Trance, bei der Sie sich aus dieser Welt und der Wirklichkeit ausklinken, sondern genau das Gegenteil: die vollkommene geistige Präsenz in der Realität. Und Ihr Körper ist Teil dieser Realität. Bemühen Sie sich also darum, die Aufmerksamkeit ganz auf den Körper zu richten und sich seiner bewusst zu werden. Bis Sie Ihren Körper voller Achtsamkeit wahrnehmen. Auf dieselbe Weise, wie Sie es mit Ihrer Umgebung tun.

Diese Körper-Bewusstheit sollte Sie nicht mehr verlassen. Mit anderen Worten: Versuchen Sie immer, für den Rest Ihres Lebens, sich Ihres Körpers bewusst zu bleiben. Wenn Sie ihn sozusagen »aus den Augen verlieren«, lenken Sie Ihre Aufmerksamkeit einfach wieder auf ihn zurück.

Diese körperliche Bewusstheit ist ein ebenso wesentlicher Bestandteil geistiger Präsenz wie die bewusste Wahrnehmung der unmittelbaren Umgebung.

Erst wenn Sie diese beiden Stufen geistiger Präsenz gemeistert haben, also fest in der bewussten Wahrnehmung Ihrer Umgebung bzw. Ihres Körpers verankert sind, können Sie zur dritten Stufe übergehen. Hier lernen Sie, wie Sie Ihre Gewohnheit der Hirnwichserei ein für alle Mal loswerden können. Und mit ihr Leiden und Unglücklichsein.

Die dritte Stufe finden Sie im nächsten Abschnitt beschrieben[57].

## Der Geist

Was bedeutet es nun, die Aufmerksamkeit auf das eigene Handeln zu richten, auf die Welt, die Sie umgibt, auf Ihren Körper? Die Aufmerksamkeit ist wie der Lichtstrahl eines Leuchtturms. Wenn wir unsere Aufmerksamkeit auf etwas konzentrieren, heißt das, dass wir

---

57 Wer an diesem Punkt der Lektüre angelangt ist, kann an dem im Anhang ausgeschriebenen Wettbewerb nicht mehr teilnehmen. Dabei geht es um das berühmte Russellsche Paradox. Allerdings nicht das von Bertrand Russell, seines Zeichens Engländer, sondern um das von Bernardo Russell, den man auf der zweiten Silbe betont und der außerdem Bologneser war. Sein Paradox lautet so: »Wer nach Bologna kommt, isst Tortellini. Wer nach Catanzaro weiterfährt, isst keine Tortellini.«

durch einen Willensakt diesen Lichtstrahl auf etwas ganz Bestimmtes richten. Die Aufmerksamkeit auf etwas zu richten bedeutet, es zu *beobachten*. Und so wie Sie Ihre Aufmerksamkeit auf das eigene Handeln richten können, auf die Welt um sich herum oder auf Ihren Körper, so können Sie auch *Ihren Geist* beobachten. Beziehungsweise *Ihr Denken*.

Versuchen wir es noch einmal mit der inneren Stille. Mittlerweile wissen Sie ja, wie das geht. Doch statt Ihre Aufmerksamkeit auf Ihr Tun, Ihre Umgebung oder Ihren Körper zu richten, nehmen Sie nun Ihr Denken in den Blick.

Hören Sie zu. Sie werden feststellen, dass in Ihnen Worte erklingen. Das Denken ist nämlich *diskursiv*. Was bedeutet, dass es *sprachliche Begriffe* nutzt. Sie werden also in Ihrem Kopf Worte, Sätze, Gedankengänge, ja regelrechte Dialoge hören. Oder Sie sehen Bilder bzw. Handlungssequenzen wie in einem Film. Wie im Traum. Beides entsteht *automatisch*. Das macht Ihr Denken aus. Die neuronalen Schaltkreise des Gehirns, die von der emotionalen Spannung, die dort gespeichert ist, automatisch aktiviert werden, bringen Ihr Denken hervor.

Das Denken ist also nicht nur Ausdruck von Spannung, die in Ihnen vorhanden ist, sondern ruft selbst Spannung hervor. Weil es die Emotionen, die diese Verschaltungen geschaffen haben, immer wieder entfacht und so erneuert. Das Denken ist der sich selbst erschaffende Strom der Hirnwichserei. Doch wenn Sie lernen, es zu beobachten, fließt dieser Strom immer langsamer, bis er schließlich zum Stillstand kommt. Und dann sind Sie frei vom Denken, zumindest vom zwanghaften Denken. Sie werden lernen, achtsam zu handeln. Sie werden lernen, die Welt um sich herum wahrzunehmen. Ebenso wie Ihren Körper. Und das ohne die ständige, störende und mitunter schädliche Einmischung des Denkens. Daher ist es wichtig, das eigene Denken beobachten zu können. Und das lässt sich ebenso lernen, wie Sie gelernt haben, Ihr Tun, Ihre Umgebung und Ihren Körper zu beobachten.

Erkennen Sie Ihr Denken als das, was es wirklich ist: ein automatisches Produkt der emotionalen Spannung, die Ihr Gedächtnis gespeichert hat. Etwas grundsätzlich *Fremdes*, das sich von Ihrem Ich unterscheidet, Ihrem Beobachter-Ich, das wir als Bewusstsein erkannt haben.

Das Denken ist ein Produkt der *Erinnerung*. Was sich in Ihrem Gedächtnis eingegraben hat, weil es von einer Emotion, also einer Spannung, begleitet wurde, neigt dazu, sich immer und immer wieder abzuspielen. Die Spannung reaktiviert es[58].

58 Die Spannung, von der hier die Rede ist, ist tatsächlich eine elektrische Spannung, die sich zwischen den zwei Polen eines Neurons aufbaut. Wenn sie sich über mehrere Neuronen fortpflanzt, entsteht ein neuronaler Schaltkreis. Man nimmt im Übrigen an, dass Sinneswahrnehmungen immer dann entstehen, wenn solch ein neuronaler Schaltkreis elektrisch aktiviert wird.

Das Denken aufzugeben – und die Beendigung der Hirnwichserei bringt es mit sich, dass wir auf den weitaus größten Teil unserer gedanklichen Erzeugnisse verzichten – führt automatisch zur Überwindung der *Erinnerung*, zur Befreiung von ihr. Dann sehen wir die Welt mit neuen Augen, weil wir frei sind von den Erfahrungen, die wir gemacht haben, und damit von vorgefertigten Urteilen, die wir als »Vorurteile« kennen. Das ist so, als würden wir ständig neu geboren.

*Erinnerung und Gedanken sind gleich einer Kerze. Sie löschen sie aus und zünden sie wieder an. Sie vergessen und Sie erinnern sich später wieder. Sie sterben und werden in einem anderen Leben wiedergeboren.*[59]

Das Ende des Denkens und der Erinnerung, das *geistige Leer-Sein* also, wird in den östlichen Traditionen als Meditation bezeichnet.

*In der Erfahrung liegt immer Bestätigung, und sie ist immer an die Vergangenheit gebunden. Meditation ist im Gegenteil jenes vollkommene Nichttun, das das Ende aller Erfahrung ist. Die Handlung aus der Erfahrung heraus hat ihre Wurzeln in der Vergangenheit und ist somit zeitbindend; sie führt zu einer Handlung, die Unordnung hervorbringt. Meditation ist*

59 J. Krishnamurti, a. a. O., S. 31

*das vollkommene Nichttun, das einem Geist entspringt, der sieht, was ist, ohne in die Vergangenheit verstrickt zu sein.*[60]

Den Gedankenstrom zu beobachten und zu erkennen, dass er nur ein Produkt der Erinnerung ist, führt zu einer neuen Erfahrung, bei der wir uns der Vergänglichkeit des Denkens und der Erinnerung bewusst werden.

*Der Gedanke kann einer Sache, über die er nachdenkt, Fortdauer geben; er kann einem Wort, einer Idee, einer Tradition Beständigkeit geben. Das Denken hält sich für beständig, aber ist es beständig? Der Gedanke ist die Antwort der Erinnerung, und ist diese Erinnerung beständig? Er kann ein Bild aufbauen und diesem Bild eine Fortdauer, eine Beständigkeit geben, es Atman nennen, oder was Sie sonst wollen, und er kann sich des Antlitzes des Ehemannes oder der Ehefrau erinnern und daran festhalten. [...] Aber die Flamme, die ausgelöscht wurde, ist nicht dieselbe Flamme wie die neue. Die alte muss enden, damit die neue sein kann. [...] Alles muss enden, damit das Neue sein kann.*[61]

Die Bewusstheit ist also ebenfalls eine Beobachtung, die unser *Geist* macht. Denn natürlich müssen Sie Ihre Gedanken beobachten, um sicherzustellen, dass ein Teil von ihnen (nämlich die schädlichen Hirnwichsereien) aufhört. Neben Ihren Gedanken werden Sie da-

60 Ebda., S. 52
61 Ebda., S. 31 f.

bei auch noch *Gefühle* und *Empfindungen* entdecken. Mit anderen Worten: Ihre *Wahrnehmungsfähigkeit*.

Wenn Sie erst einmal gelernt haben, Ihre Eindrücke zu beobachten, also Empfindungen, Emotionen, Gedanken, werden Sie drei Dinge feststellen: zum einen, dass all dies automatisch geschieht, unabhängig von Ihrem Willen, der ja damit beschäftigt ist, Ihre Beobachterrolle aufrechtzuerhalten. Was Ihnen ja nicht neu ist. Zum anderen aber werden Sie merken, dass das Aufrechterhalten Ihrer Beobachterrolle dafür sorgt, dass Sie von Ihren Empfindungen und Emotionen nicht mehr überschwemmt und mitgerissen werden. Sie werden feststellen, dass Sie plötzlich eine gewisse *Distanz* zu Ihren Empfindungen und Emotionen erleben[62]. Und Sie werden bemerken, dass der Gedankenstrom immer langsamer wird, während Sie in Ihrer Beobachterrolle bleiben, bis er schließlich abreißt[63].

---

62 Möglicherweise sorgt die Aktivierung der neuronalen Schaltkreise, die für das Bewusstsein verantwortlich sind, dafür, dass andere Schaltkreise, welche die innere und äußere Wahrnehmung speisen, weniger Spannung erhalten, also auf *Stand-by* geschaltet werden.

63 Möglicherweise sorgt die Aktivierung der für das Bewusstsein verantwortlichen Schaltkreise im Gehirn dafür, dass jene neuronalen Netze, die für das Denken zuständig sind, nicht nur weniger aktiv sind, sondern ihre Aktivität ganz einstellen. Dies würde voraussetzen, dass die Gesamtheit der elektrischen Ströme, die im Gehirn aktiv sind, in etwa konstant bleibt und sich nur von einem Bereich zum anderen verlagert.

Dies ist die Endstufe der geistigen Präsenz oder Bewusstheit. Die vollkommene Achtsamkeit, die uns erlaubt, die Hirnwichserei definitiv abzustellen, ihre Wurzel auszureißen, so dass sie nicht ständig neue Hirnwichsereien hervorrufen kann.

Die Rolle des Beobachters der eigenen Eindrücke und Wahrnehmungen verschafft Ihnen die höchste Form der Entspannung, die in einem normalen Bewusstseinszustand möglich ist. Und dies wiederum bedeutet die größtmögliche Spannungsreduktion.

Im Bewusstseinszustand der *Trance*, der das höchste Ziel im Yoga ist, hat die Spannung sich vollkommen aufgelöst. Doch diesen Punkt müssen Sie gar nicht erreichen, um glücklich und zufrieden zu leben. Ganz im Gegenteil. Wenn Sie ihn unbedingt erreichen wollen, sorgen Sie nur für neue Spannung und tappen wieder in die Falle der Neurosen, also der schädlichen Hirnwichserei.

Buddha meinte, wahre Losgelöstheit ließe sich nur dann verwirklichen, wenn man sich auch von der Sehnsucht nach ihr lösen könne.

Und warum lässt sich die Spannung nun einfach auflösen, wenn man die Rolle des Beobachters einnimmt? Warum lässt sich unser Leiden auf diese Weise lindern? Weil die Beobachterrolle vollkommen *passiv* ist.

Spannung ist eine dynamische Funktion des Organismus. Sie entsteht im Umfeld einer Handlung. Oder genauer gesagt im Umfeld einer *intentionalen Handlung*. Spannung und Intention hängen voneinander ab. Wo es keine Absichten mehr gibt, hört auch die Spannung auf. Daher sollten Sie unbedingt lernen, wie man sich vollkommen *passiv* verhält. Oder besser gesagt: *offen bleibt*. Der Beobachter greift in das beobachtete Geschehen nicht ein: Beobachtung zeichnet sich genau dadurch aus.

Das ist ein ganz entscheidender Punkt, da der gesamte Vorgang darauf abzielt, die Spannung zu lösen. Dies aber kann nicht geschehen ohne vollkommene *Passivität*. Sobald in Ihnen eine Absicht entsteht, die logischerweise immer eine Handlung nach sich zieht, entsteht Spannung.

Sollten Sie eine solche Spannung in sich spüren, gehen Sie ganz einfach so vor: Setzen Sie ihr keinen Widerstand entgegen. Lernen Sie, die Spannung zu beobachten. Akzeptieren Sie sie. Sehen Sie ihr zu. Nichts weiter! Beobachten Sie die Spannung und warten Sie, bis sie vorübergeht.

Wenn Sie einen Schnupfen haben und wissen, dass es letztlich nichts gibt, was ihn zum Verschwinden bringt, was tun Sie dann? Werden Sie sauer und geben Ihrer Nase eins drauf? Nicht, wenn Sie nicht vollkommen neben der Kappe sind. Sie warten ab, bis er vergeht. Nun, genau dasselbe tun Sie jetzt mit der Spannung. Oder mit der Angst, der Wut, der Demütigung, dem Schmerz. Mit all diesen verflixten negativen Emotionen. Warten Sie, bis sie vorbeigehen. Und beobachten Sie sie dabei. Das mögen sie nämlich gar nicht. Wie eine gut gekleidete Dame, die sich auf dem Parkplatz vom Supermarkt hinter ein Auto hockt, um Pipi zu machen. Auch die versucht, so schnell wie möglich fertig zu werden und sich vom Acker zu machen.

Auf diese Weise verändert Ihre Wahrnehmung sich ganz von selbst, ohne jede Anstrengung. Ihr diskursives, analytisches Denken – die berühmte Hirnwichserei – wird langsam immer schwächer, bis es schließlich ganz verschwindet und von der *Intuition* ersetzt wird, einer vernetzten Form des Denkens, die in einem raschen Aufblitzen Vernunftgründe, Bilder, Empfindungen und Gefühle gleichzeitig erfasst. Eine Art Turbo-Funktion des Gehirns.

So entwickeln Sie die Fähigkeit, Ihre Umgebung blitzartig zu erfassen und zu durchdringen, eine Fähigkeit, die weit über dem Durchschnitt liegt. Dies gilt im Besonderen in Bezug auf Menschen, deren Charakter Sie schnell und unmittelbar erkennen können.

Das intuitive Denken ist quasi der »Anwendungsmodus« des Bewusstseins, die grafische Oberfläche sozusagen. Alle Schöpfungen von menschlicher Hand, auf künstlerischem oder auf wissenschaftlichem Gebiet, sind letztlich durch Intuition entstanden. Das analytische Denken dient letztlich nur der *Kommunikation* dieser unmittelbaren Einsichten.

Frauen fällt das intuitive Denken gewöhnlich leichter, denn der weibliche Teil des Gehirns[64] weist eine natürliche Neigung auf, mehr den intuitiven als den

64 Zwischen dem Gehirn eines Mannes und dem einer Frau gibt es einen Unterschied im Aufbau, der auch die Funktion betrifft. Tatsächlich hat man festgestellt, dass im männlichen Gehirn die linke Seite stärker entwickelt ist. Dort sind das Sprachzentrum und das analytische Denken angesiedelt. Das weibliche Gehirn hingegen hat eine stärker ausgeprägte rechte Seite, wo vernetztes Denken und Intuition ihren Sitz haben. (Siehe Ornstein, Robert und Thompson, Richard F., *Unser Gehirn: das lebendige Labyrinth*, Reinbek 1993) Mit der typisch journalistischen Art, alle Dinge zu vereinfachen, können wir also behaupten, dass es einen männlichen Teil des Gehirns gibt - die linke Hemisphäre - und einen weiblichen, die rechte Hälfte also. Ein typischer Macho wird natürlich niemals glauben, dass es einen »weiblichen« Teil im Gehirn gibt und dass er so etwas auch hat. Schließlich ist er fest davon überzeugt, dass es so etwas wie ein weibliches Gehirn überhaupt nicht gibt und dass das bisschen Gehirn, das sich im Schädel einer Frau verbirgt, nichts weiter ist als eine reduzierte Form des männlichen Urmodells. Tatsächlich wiegt das Gehirn einer Frau im Durchschnitt weniger als das eines Mannes, was viele Männer für den wissenschaftlichen Beleg ihrer hirnverbrannten Theorien halten. Meiner Ansicht nach ist damit nur bewiesen, dass Männer generell schwerfälliger sind als Frauen, vor allem im Gespräch. Die Theorie, das weibliche Hirn sei ein reduzierter Abklatsch des männlichen, hatten wir

übrigens schon mal: siehe Adam und die Erschaffung der Frau aus dessen Rippe. Diese Vorstellung ist mit Aufkommen der Röntgendiagnostik wissenschaftlich klar widerlegt worden. Seitdem ist zweifelsfrei bewiesen, dass Frauen und Männer die gleiche Anzahl Rippen besitzen. Ironischerweise ist gerade die Naturwissenschaft, für welche die Männer sich seit Jahrtausenden zuständig fühlen, eben ein Produkt der Intuition. Sämtliche wissenschaftlichen Theorien, von Newton bis Einstein, sind durch Intuition entstanden. Der Unterschied ist nur, dass Ersterer dafür nur einen Apfel brauchte, der ihm auf den Kopf fiel, während Letzterer, nämlich Einstein, sich Stunden und Tage an seinem Arbeitsplatz im Patentamt in Bern langweilte, wo er offenkundig nichts zu tun hatte. Die Intuition aber ist die Frucht des weiblichen Teils des Gehirns. Die Frau kann also als Hort der *Bewusstheit* gelten, des allseitig *vernetzten Denkens*. Der Mann hingegen ist für das *analytische Denken* zuständig, das offenkundig dem männlichen Teil des Gehirns entspringt. Dieser Teil aber ist nicht für Weisheit und Bewusstheit zuständig, sondern für *Kommunikation* (für sprachliche Fähigkeiten also). Wenn ein Mann einen Raum betritt, in dem eine Party stattfindet, was tut er dann, wenn er mehr über die Beziehungen der Menschen untereinander erfahren will? Er setzt sich still in eine Ecke, macht Notizen, geht nach Hause, schließt sich eine Woche lang in sein Arbeitszimmer ein und schreibt einen gelehrten Aufsatz. Eine Frau hingegen kommt herein, sieht sich um und weiß alles über alle. Natürlich schreibt sie darüber keinen Aufsatz, weil ihr das alles ziemlich egal ist. Stattdessen plaudert sie alle Geheimnisse aus, die sie auf diese Weise entdeckt hat. Dies war früher einmal der Unterschied zwischen Mann und Frau, solange es noch einen Unterschied gab. Heute benehmen die Frauen sich genau wie die Männer. Sie haben den Gleichstand erzielt, den sie immer haben wollten.

analytischen Modus zu nutzen[65]. Sie sollten also lernen, Ihre Empfindungen, Gefühle und Gedanken zu beobachten. So werden Sie zur/zum BeobachterIn Ihres Lebens - der Innen- und der Außenseite. Sie werden den Situationen, Menschen und Emotionen mit einer gewissen Gelassenheit gegenüberstehen. Und diese schützt Sie vor Angriffen, vor Frustrationen und vor Niederlagen.

Anfangs wird Ihnen das wohl eher schwer fallen, denn Sie müssen eine Gehirnfunktion aktivieren, die Sie normalerweise nicht nutzen: die *Bewusstheit.* Aber glauben Sie mir, die Anstrengung ist der Mühe wert. Tatsächlich hat Buddha von der »rechten Anstren-

---

65 Da kommt mir doch der Verdacht, dass vermutlich nur sehr wenige Frauen dieses Buch lesen werden, weil eine Frau sich keine Spur für ein Buch interessiert, das ihr zeigen will, wie sie mit der Hirnwichserei aufhören kann. Frauen halten so etwas im Normalfall sowieso für Hirnwichserei und sind fest davon überzeugt, dass sie so etwas nicht tun. Vielleicht kauft also nicht eine Frau mein Buch! Verdammt! Nun habe ich mir solche Mühe gegeben, meinen Leserinnen zu beweisen, dass ich kein Macho bin. Und dass ich Männer und Frauen gleichermaßen ansprechen will. Nun gut. Von jetzt an ist Schluss mit dem Zirkus. Ich schreibe, wie Gott mich geschaffen hat. Ach, nein! Das geht doch auch nicht. Dann verlöre ich ja meinen literarhistorischen Rang als erster Autor, der Frauen und Männer in seinem Buch genau gleich behandelt. Also, zurück marsch, marsch. Möge die Nervensägerei weitergehen.

gung« gesprochen[66]. Der Zustand der vollkommenen Bewusstheit kann nämlich dauerhaft werden oder zumindest sehr häufig auftreten, wenn man sich *immer wieder* Mühe gibt.

Der Lohn dafür ist die endgültige Befreiung von der Hirnwichserei: das Glück. Und zwar das wahre, echte Glück, nicht diese manische Euphorie, die uns überfällt, wenn wir erfahren, dass wir eine Million im Lotto gewonnen haben oder die Frau endlich mit dem Metzger durchgebrannt ist. Diese verschwindet nach ein paar Tagen. Der innere Friede jedoch bleibt. Die Fähigkeit, Menschen, Dinge und das Leben in sich aufzunehmen – ohne Konflikte, ohne Ärger, ohne Schmerz, in vollkommener Harmonie. Die Fähigkeit, das Leben zu genießen, es so zu nehmen, wie es ist, das Beste daraus zu machen und bewusst jeden seiner Aspekte zu genießen, auch den einfachsten und bescheidensten. Jeden Augenblick zu erleben im Bewusstsein, dass er einzigartig und unwiederholbar ist.

---

66 Die wiederum Teil des Edlen Achtfachen Pfades ist, der zentralen Lehre Buddhas: rechtes Verständnis, rechtes Denken, rechtes Reden, rechtes Tun, rechter Lebenserwerb, rechte Anstrengung, rechte Achtsamkeit, rechte Konzentration. Siehe dazu: Hagen, Steve, *Buddhismus kurz und bündig*, Einführung in den Buddhismus, München 2000. Eine kurze Einführung in die ursprünglichen Lehren Buddha Shakyamunis finden Sie in: Bancroft, Anne, *Weisheiten des Buddha*, München 2002.

Die letztendliche und dauerhafte Befreiung von der Hirnwichserei, anders gesagt: die andauernde vollkommene Bewusstheit, wird in den östlichen Kulturen als *Erleuchtung* bezeichnet. Die geheimnisvolle Erleuchtung, die ständig in aller Munde ist, ist also nichts weiter als ein dauerhafter Zustand vollkommener Bewusstheit der Realität. Was natürlich nicht wenig ist. Das Ungewöhnliche daran ist nicht so sehr der Zustand selbst als seine *Dauer*. Wir alle sind in der Lage, hin und wieder Momente tiefer Bewusstheit und Einsicht zu erleben, doch nur wenige von uns leben dauerhaft in diesem Zustand.

Natürlich unterliegt auch der Zustand der Erleuchtung einer gewissen Mythenbildung. Denn in Wahrheit kann man nicht unausgesetzt in diesem Zustand leben. Nicht einmal Buddha Shakyamuni konnte das. Hin und wieder wurde sogar er wütend. Trotzdem ist es der Mühe wert, wenn man versucht, ihn so lange wie möglich aufrechtzuerhalten. Denn in diesem Zustand löst sich all unsere Spannung in nichts auf. Und die Grundbedingung unseres Menschseins, das Leiden, hört auf.

Aus diesem Grund hat Buddha den Zustand der Erleuchtung anders bezeichnet: »Befreiung vom Zustand des Leidens«. Der Schlüssel dazu ist: *keine Erwartungen zu hegen, sondern das Leben zu genießen, wie es ist.* Wie auch immer es sein mag. Und lieben zu lernen.

Tatsächlich ist der Zustand der Erleuchtung unter

den Menschen weiter verbreitet, als wir ahnen. Mein Sohn Yuri zum Beispiel hörte bis zum Alter von 27 Jahren, als die Viren ihn töteten, voller Geduld zu, auch wenn man ihm Dinge erzählte, die ihn nicht im Geringsten interessierten. Er drückte einem wortlos die Hand und gab einem so besser als mit Worten zu verstehen, dass er einen liebte, auch wenn man ihn ungerecht behandelt hatte. Er ertrug jede Laune und jeden Zornausbruch, ohne sich je zu beschweren. Er erhob nie die Stimme und wurde nie wütend. Er war immer für andere da. Alle, die ihn kannten, konnten sich auf ihn verlassen. Er redete nur, wenn es wichtig und nötig war. Er strebte nicht nach Luxus, nach Reichtümern, Ruhm oder Macht. Er war mit seinem kleinen Zimmer zufrieden, mit seinen streitsüchtigen Eltern, seiner rebellischen Schwester und seiner Verlobten, die ihn über alles liebte. Er war ein Erleuchteter. Und prahlte nie damit. Vor niemandem.

Kapitel 7

# Das bewusste Bewusstsein: Theoretischer Teil

Die Lektüre dieses Kapitels empfiehlt sich nur für den absolut bildungsbeflissenen Zeitgenossen[67]. Alle anderen werden sich gnadenlos langweilen. Für den Praktiker[68] ist es keineswegs unentbehrlich: Ich möchte

---

67 Die Menschheit teilt sich nämlich nicht etwa in gebildete, die über ein vollständiges Wissen in Bezug auf ihre Kultur verfügen, und ungebildete Menschen auf, sondern in Menschen, die unbedingt Bildung erwerben wollen, und andere, denen das vollkommen egal ist. Steht schon bei Sokrates bzw. bei Plato, nur fällt mir nicht mehr ein, wo genau.

68 Formal betrachtet ist dies eine Aufforderung, dieses Kapitel nicht zu lesen – ein weiterer Grund, ins Guinness Buch der literarhistorischen Neuerungen einzugehen, in der Gruppe für Schriftsteller, die sich selbst ein Bein stellen. Nur aus diesem Grund sage ich überhaupt solche Sachen: Ich will auf Biegen und Brechen ins Guinness Buch der Rekorde. In Wirklichkeit, verehrte/r LeserIn, will ich unbedingt, dass Sie dieses verflixte Kapitel lesen. Und darum greife ich jetzt zu einer wahrhaft subtilen Überzeugungsstrategie: Ich kann mir nicht vorstellen, dass Sie so wenig von sich halten, dass Sie weiterhin unwissend bleiben wollen. Ich bin sicher, dass Bildung und Kultur Ihnen wahrhaft am Herzen liegen und Sie offen sind für geistige Abenteuer,

damit nur beweisen, dass ich auch in der Theorie bewandert bin. Letztlich handelt es sich also um eine Hirnwichserei meinerseits, obschon positiver Natur, die letztlich nur von anderen positiven Hirnwichsern, vor allem männlichen Geschlechts[69], richtig gewürdigt werden kann.

dass Sie hochintelligent sind und der Welt voller Neugier entgegentreten, weil Sie endlich wissend und lebend aus dem Vollen schöpfen wollen wie noch nie jemand vor Ihnen. Ich bin sicher, dass Sie es nicht erwarten können zu erfahren, was es mit dieser geheimnisvollen Bewusstheit auf sich hat. Genauer gesagt können Sie ohne dieses Wissen gar nicht mehr existieren: Schon als Kind hat Sie die Frage nach dem Bewusstsein gequält, jahrelang hat sie an Ihnen genagt, und jetzt endlich liegt die Antwort vor Ihnen. Diese Freude! Also: Hinein ins Vergnügen! Verschlingen Sie es, dieses so lang ersehnte Theorie-Kapitel! (Man sehe sich nur einmal an, wie ich mich hier zum Speichellecker herabwürdigen muss, nur um etwas zu erreichen, was anderen Schriftstellern ganz selbstverständlich zugestanden wird: die Lektüre eines Kapitels! Verlange ich denn gar so viel, verflixt noch mal?!)

69 Ich bitte die Damenwelt, nicht beleidigt zu sein, denn ich beschimpfe sie hier nicht als ignorant. Es ist nur einfach so, dass die Hirnwichsereien vom wissenschaftlichen Typ vor allem in der Herrenwelt verbreitet sind. Was, genauer gesagt, ein gewaltiger Nachteil ist (für die Männer), denn während sie sich wissenschaftlichen Hirnwichsereien hingeben, gehen die Frauen mit anderen Kerlen aus, die nicht so dumm sind, Hirnwichserei zu betreiben, und daher vielleicht deutlich weniger intelligent sind als die Männer vom wissenschaftlichen Typ, dafür aber sehr viel effizienter.

Sollten Sie allerdings auch nur einen leichten Anflug von Kopfschmerz verspüren, dann verschieben Sie die Lektüre lieber auf später, sonst wird daraus vielleicht eine Rekord-Migräne. Aber auch wenn Sie noch kein Kopfweh haben, sollten Sie vielleicht ein Aspirin bereithalten.

Nur die Härtesten werden dieses Kapitel überleben. Wenn Sie das schaffen, ohne in Panik zu verfallen, verrückt zu werden oder das Buch wegzulegen, was meiner Ansicht nach viel schlimmer wäre als alles vorher Genannte, dann sind Sie, wie man so schön sagt, über den Berg[70]. Wenden wir uns also der theoretischen Untersuchung des Bewusstseins zu.

Psychologisch betrachtet ist das Bewusstsein eine höchst komplexe Angelegenheit. Bewusst zu sein bedeutet, dass ein Teil der Wahrnehmung für den restlichen Teil der Wahrnehmung zum Objekt wird. Das Bewusstsein beobachtet sich also selbst.

Wenn Sie sich Ihrer Empfindungen, Gefühle und Gedanken bewusst sind, sind diese das Objekt Ihrer Wahrnehmung, die wiederum vom Bewusstsein aus-

70 Diese Redensart begreife ich eigentlich nicht. Ich fühle mich keineswegs sicherer, wenn ich abwärts gehe. Ganz im Gegenteil: Die Knie tun mir weh, ich spüre ein leichtes Magendrücken und von der ständigen Bremserei bekomme ich einen Muskelkater. Am liebsten würde ich in einen Fahrstuhl steigen, aber finden Sie mal einen – mitten im Gebirge ...

geht. Das Gehirn beobachtet sich selbst. Es sieht sich beim Funktionieren zu.

Das möchte ich gern näher erläutern[71]. Wenn ich ein Pferd wahrnehme, wobei es nicht wichtig ist, ob es sich um eine Sinnesempfindung oder eine Imagination handelt, also ob das Pferd tatsächlich vor mir steht oder ich es mir nur vorstelle, dann besteht diese Wahrnehmung bzw. der *Wahrnehmungsprozess* aus drei untergeordneten Prozessen: 1) der Wahrnehmung des Pferdes als Objekt: die *Objektwahrnehmung*; 2) der Wahrnehmung der emotionalen Reaktion, die ich auf dieses Objekt - das Pferd - zeige, zum Beispiel Furcht: der *Wahrnehmungskontext*; 3) der Selbstwahrnehmung, also dem Bild, das ich in diesem Moment von mir habe, ich kann mich zum Beispiel als Individuum in Gefahr sehen: das ist die *Subjektwahrnehmung*.

Auf der »normalen« Wahrnehmungsebene ist das wahrgenommene Objekt schlichtweg das Pferd. Bei diesem Prozess allerdings sind immer auch die anderen Elemente zugegen, also der Wahrnehmungskontext bzw. die emotionale Reaktion auf das Wahrgenommene und die Selbstwahrnehmung. Diese beiden stellen sozusagen die »Beilage« dar, die Modalitäten der Wahrnehmung. Nicht zu verwechseln mit dem Wahrneh-

71 Der folgende Abschnitt ist entnommen: G. C. Giacobbe, *La psicologia dello Yoga*, a. a. O., S. 101.

mungsobjekt: Im Fadenkreuz des Prozesses steht nach wie vor das Pferd.

Wenn sich das Fadenkreuz jedoch verschiebt und zum Beispiel zum Wahrnehmungskontext oder zum wahrnehmenden Subjekt weiterwandert, dann werden diese zum Wahrnehmungsobjekt. Im Zustand der Bewusstheit richten wir das Fadenkreuz unseres Bewusstseins auf das Wahrnehmungssubjekt. Um das besser erläutern zu können, habe ich hier eine Art Modell entworfen:

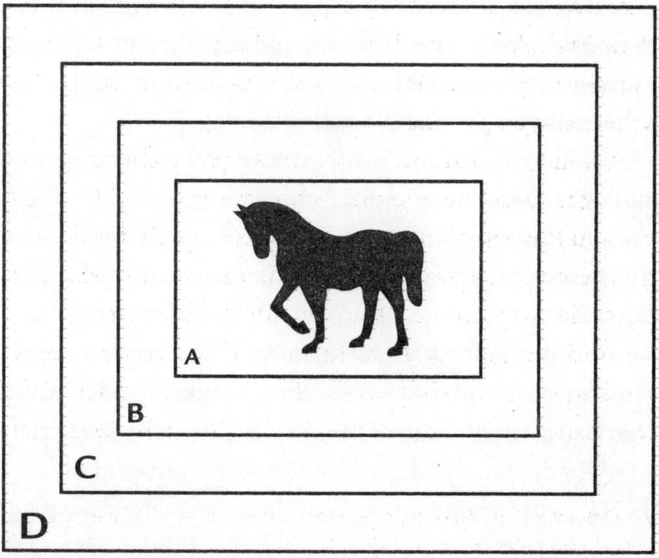

Stellen wir uns vor, der Wahrnehmungsprozess sei in vier verschiedene Ebenen gegliedert, die übereinander liegen: A, B, C und D. Auf Ebene A finden wir das wahrgenommene Objekt. Nehmen wir einmal an, es ist eine undurchsichtige weiße Leinwand, auf die man das Bild eines Objektes projiziert. In unserem Fall das Bild eines Pferdes.

Ebene B umfasst den Wahrnehmungskontext oder die emotionale Reaktion des Subjekts auf die Wahrnehmung des Objekts. Diese Ebene stellen wir uns farbig und transparent vor. Die Farbe steht für die vorherrschende Emotion.

Auf Ebene C findet sich das Selbstbild des Subjekts, des wahrnehmenden Ichs. Auch diese Ebene stellen wir uns transparent und farbig vor. Die Farbe steht für die stärkere bzw. geringere Kraft des Selbstbilds.

Ebene D wiederum umfasst sämtliche vorhergehenden Elemente, weil es sich dabei um den *Wahrnehmungsprozess* als Ganzes handelt. Diese Ebene stellen wir uns als vollkommen transparent und ohne Färbung vor.

In einem normalen Wahrnehmungsprozess richtet die Aufmerksamkeit sich vorzugsweise auf Ebene A. Das heißt nicht, dass Ebene B und C nicht registriert werden, doch sie stehen nicht im Zentrum und bleiben folglich ein wenig *unscharf*. Ähnlich den Bereichen eines Fotos, die nicht im Fokus liegen, im Punkt der maximalen Bildschärfe. Nichtsdestotrotz haben sie Einfluss darauf, wie das fokussierte Objekt wahrgenommen wird. Sie »färben« es gleichsam und geben ihm damit seine *Bedeutung*. Denn die Bedeutung des Objekts besteht letztlich in der Beziehung, die das Subjekt zum Objekt im Kontext des Wahrnehmungsprozesses aufbaut.

Die Bedeutung des wahrgenommenen Objekts wird also von verschiedenen Faktoren beeinflusst: 1) Von der *objektiven Beschaffenheit* des Objekts (Wahrnehmungsobjekt); 2) vom aktuellen *Selbstbild* des Ich (Wahrnehmungssubjekt); 3) von der *emotionalen Reaktion* des Ich auf das Objekt (Wahrnehmungskontext).

Interessant dabei ist, dass die Bedeutung des Objekts in erster Linie vom Selbstbild und von der emotionalen Reaktion bestimmt wird, während die objektive Bedeutung des Wahrgenommenen eine wesentlich geringere Rolle spielt.

Dies möchte ich an einem Beispiel veranschaulichen: Wenn das Wahrnehmungsobjekt aus einer verbalen Botschaft besteht, dann wird deren Bedeutung bestimmt von: 1) *Wahrnehmungsobjekt:* der objektiven Beschaffenheit des Objekts, das heißt von der sprachlichen Bedeutung sowie dem Tonfall der Äußerung; nehmen wir zum Beispiel die Worte »Wer sind Sie?«, die in hohem Ton ausgestoßen werden; 2) *Wahrnehmungssubjekt:* dem Selbstbild, welches das Individuum in diesem Moment hat; nehmen wir einmal an, die Person betrachtet sich als zurückgewiesen; 3) *Wahrnehmungskontext:* der emotionalen Reaktion des Ich auf das Wahrgenommene; hier vielleicht eine Form der Verteidigungshaltung, die zu einem inneren Spannungszustand führt.

Damit steht die Bedeutung des Wahrnehmungsobjektes fest: Der Satz wird als *Drohung* wahrgenommen. Giovanni ruft Lucia an. Lucia, die ihn nicht erkennt, fragt: »Wer sind Sie?« Giovanni fühlt sich ohnehin wie ein Wurm, weil Lucia ihn verlassen hat. Diese Frage erlebt er als Gipfel der Zurückweisung. »Wer soll's schon sein?«, antwortet er. »Ich bin es.« Und mobilisiert seine Verteidigungswälle gegen eine scheinbare, wenn auch nicht reale Bedrohung. An diesem Punkt bricht die Kommunikation ab. Solche Mechanismen sind in den Alltagsbeziehungen von Menschen etwas ganz Normales. Sie bilden die Grundlage unserer sozialen Probleme.

Daraus wird deutlich, dass die Bedeutung, die wir einem Objekt verleihen, nicht immer der *realen* Beschaffenheit des Objekts entspricht. An diesem Punkt haben wir gleichzeitig eine gute Definition für das, was Neurosen ausmacht: Wir ordnen Objekten unentwegt Bedeutungen zu, die nicht deren realer Bedeutung entsprechen.

Im Zustand der Bewusstheit allerdings richtet die Aufmerksamkeit sich auf Ebene B (erstes Stadium:

Bewusstheit der emotionalen Reaktion bzw. des Wahrnehmungskontextes) oder auf Ebene C (zweites Stadium: Bewusstheit des Selbstbildes bzw. des Wahrnehmungssubjektes). Das bedeutet nicht, dass Ebene A nicht mehr wahrgenommen wird. Sie tritt nur in den Hintergrund, wird *unscharf*, weil sie nicht mehr im Fadenkreuz der Aufmerksamkeit steht, die von Ebene A auf Ebene B oder C wandert.

Nun wollen wir in unserer Darstellung das *Zentrum der Selbst-Identifikation* suchen. Dieses ist besonders wichtig, weil es den Wahrnehmungszustand des Subjekts bestimmt. Von ihm hängt ab, ob die Wahrnehmung sich im normalen Zustand oder im Zustand der Bewusstheit befindet.

Hier kommt eine Gesetzmäßigkeit der Psyche zum Tragen, die von der östlichen Psychologie[72] entdeckt und vom Erfinder der Psychosynthese, Roberto Assagioli, aufgenommen und neu formuliert wurde:

*Wir werden von allem beherrscht, mit dem sich unser Selbst identifiziert. Wir können alles, womit wir uns nicht identifizieren, beherrschen, leiten und benutzen*[73].

72 Im Besonderen von den Gelehrten der Yoga-Tradition; siehe dazu: G. C. Giacobbe, *La psicologia dello Yoga*, a. a. O., S. 43–44 (Patanjali, Yogasutra II, 20) und S. 99.

73 Roberto Assagioli, *Die Schulung des Willens*, Paderborn (8) 1998, S. 183.

Das Zentrum der Selbst-Identifikation ist immer auf der Ebene angesiedelt, die unmittelbar über jener liegt, auf die sich unsere Aufmerksamkeit konzentriert.

Im Falle der normalen Wahrnehmung, bei der die Aufmerksamkeit sich immer auf die Objektebene A richtet, liegt das Zentrum der Selbst-Identifikation also auf der Ebene B. Dieses bedeutet, dass das Individuum sich mit der eigenen emotionalen Reaktion (dem *Wahrnehmungskontext*) identifiziert. Es wird von dieser vollkommen aufgesogen.

Im ersten Stadium des Weges zur Bewusstheit hingegen, bei dem die Aufmerksamkeit sich auf Ebene B richtet, wandert das Zentrum der Selbst-Identifikation auf Ebene C. Das Subjekt identifiziert sich in diesem Fall mit dem eigenen Ich und kann die eigene emotionale Reaktion mit einigem Abstand sehen.

Im zweiten Stadium der Bewusstheit richtet sich die Aufmerksamkeit auf Ebene C. Das bedeutet, dass das Zentrum der Selbst-Identifikation auf Ebene D liegt. Das Subjekt identifiziert sich also nicht mehr mit dem eigenen Ich, sondern mit dem gesamten Prozess der Wahrnehmung. Selbstbild (Ebene C), emotionale Reaktion (Ebene B) und Objekt (Ebene A) werden zwar immer noch wahrgenommen, doch das Subjekt identifiziert sich nicht mehr mit ihnen – weder mit dem Ich, dem Subjekt der gewöhnlichen Wahrnehmung, noch mit der eigenen emotionalen Reaktion. Subjekt und

Objekt der Wahrnehmung ist somit der *Wahrnehmungsprozess* selbst. An diesem Punkt erlebt das Subjekt sich als *unpersönlich*, wie ein unbeteiligter Beobachter bzw. als wäre es der Wahrnehmungsprozess selbst.

Die Bewusstheit allerdings ist nicht immer aktiv. Für den Großteil unseres Lebens haben wir sie nicht »eingeschaltet«. Es gibt sogar Menschen, die diese Funktion überhaupt nicht in Betrieb nehmen. Diese Menschen sind dem Leben im Tierreich am nächsten. Denn der Prozess der Bewusstheit verdankt sich der höheren Entwicklung des menschlichen Gehirns. Als »gewöhnliche« menschliche Wesen sind wir durchaus imstande, diesen Prozess zu aktivieren, wenn auch nur gelegentlich. Hin und wieder geschieht dies auch ohne unser Zutun, also spontan. Das kann zum Beispiel bei einem schweren Unfall geschehen. Plötzlich sehen wir uns sozusagen von außen zu. Wir erleben uns handeln, als wären wir ein völlig anderer Mensch.

Das lässt vermuten, dass dieser Prozess für unseren Organismus eine Art Abwehrmechanismus darstellt. Wir »entpersönlichen« uns und schicken das Ich kurzfristig in Urlaub, um zu verhindern, dass es Verletzungen erfährt, die sein inneres Gleichgewicht stören könnten. Auf diese Weise bleibt unsere Unversehrtheit oder Integrität gewahrt, und wir können auch schwierige Situationen überstehen. Es handelt sich also um eine Art Sicherheitsventil für innere Spannungen, die einen bestimmten Punkt nicht überschreiten dürfen, wenn sie nicht zur Selbstzerstörung führen sollen.

Auch die Tatsache, dass dieser Prozess automatisch in Gang gesetzt wird, wenn wir berauschende Substanzen konsumieren (und das gilt nicht nur für Drogen wie Heroin und Morphium, sondern auch für Alkohol und Nikotin), spricht dafür, dass es sich dabei um einen Abwehrmechanismus des Gehirns handelt, vergleichbar dem Mechanismus der Betäubung von Schmerzen durch die vorgenannten Substanzen.

Es ist daher kein Zufall, dass bei nahezu allen religiösen Ritualen des Altertums die Priester bzw. Priesterinnen Rauschmittel zu sich nahmen, um eben diesen Zustand der Entpersönlichung zu erreichen, in dem sie Visionen hatten, welche die Grenzen der Persönlichkeit überschritten.

Der Zustand der Bewusstheit ist also ein ganz *normales* Phänomen, auch wenn es nicht allzu häufig auftritt. Sich in einer bestimmten, emotional gefärbten Situation seiner Reaktionen bewusst zu sein und sein Selbstbild wahrzunehmen ist demnach keineswegs ein Ausnahmezustand, auch wenn es nur selten geschieht. Die Bewusstheit ist Teil der ganz normalen Wahrnehmungsfähigkeit des Menschen. Man muss dazu nicht in einen Zustand der Trance eintauchen.

Im Normalfall präsentiert sich der Zustand der Bewusstheit als *Flash*, als blitzartige, *zeitlich begrenzte*

Erfahrung. Dies gilt vor allem für Spontanerlebnisse dieser Art. Doch wie bei den meisten menschlichen Funktionen handelt es sich auch hier um einen Prozess, der sowohl willkürlich als auch unwillkürlich ablaufen kann. Das heißt, dass wir den Prozess der Bewusstheit willentlich in Gang setzen können. Wir müssen nur daran denken. Dazu genügt es, unsere Aufmerksamkeit vom Wahrnehmungsobjekt abzuziehen und es auf den Vorgang der Wahrnehmung zu richten, also auf die emotionale Reaktion oder auf unser Selbstbild in diesem Augenblick.

Bleiben noch jene beiden Phänomene, die aus dem Zustand der Bewusstheit ein so machtvolles Gegenmittel für unsere neurotischen Tendenzen machen, die wir hier durchgehend als »Hirnwichserei« bezeichnet haben: die Distanz zu der eigenen emotionalen Reaktion und die Auflösung des begrifflichen Denkens.

Beides lässt sich erklären, wenn wir uns vor Augen führen, dass bei diesem Prozess das Identifikationszentrum des Subjekts von einem dynamischen, repräsentativen Feld in ein statisches verlagert wird.

*Distanz* ist wichtig für die mentale Hygiene. Sie sorgt dafür, dass die Erinnerungsspuren des Erlebens, der Spannung also, sich nicht so tief eingraben. Dadurch wiederum kann der Prozess im Bewusstsein verbleiben und muss nicht ins Unbewusste verdrängt werden. Anders gesagt geht die emotionale Reaktion nicht so sehr in die Tiefe. Dies liegt letztlich an der Verlagerung des

Identifikationszentrums von der emotionalen Reaktion hin zum Selbstbild des Ich. Wenn ich zu Ihnen sage, dass Sie ein Stück Scheiße sind, wird Ihre Reaktion in den Gedächtnisspeichern gleichsam abgelegt und in den nächsten Tagen immer wieder abgespielt (dynamisch). Ist Ihr Selbstwertgefühl wenig ausgeprägt, werden Sie sich am Ende tatsächlich wie ein Stück Scheiße fühlen. Können Sie zu meinen Äußerungen hingegen Distanz aufbauen, dann sind Sie nach wie vor Ziel meiner Aggression, speichern diese aber nicht ab. Folglich hat diese auf Sie keinerlei Auswirkungen (statisch).

Die im Gedächtnis abgespeicherte Reaktion wirkt sich auf Ihren Organismus aus, vor allem auf die Aktivität der endokrinen Drüsen und die Muskelspannung. Es erfolgt also eine Aktion bzw. eine Serie von Aktionen, auch wenn diese unwillkürlich geschehen. Die subjektive Repräsentation, also das geistige Bild im Individuum, ist in diesem Fall ein *dynamischer Prozess*. Die Allgemeinsprache bringt diesen Zustand auf den Punkt, indem sie ihn als *Erregung* bezeichnet.

Das Selbstbild des Ich hingegen ist eine *statische Repräsentation*.

Und eben dieser statische Charakter des Selbstbildes, mit dem das Subjekt sich identifiziert, senkt das Spannungsniveau der emotionalen Reaktion. Der statische Charakter des Selbstbildes wirkt dem dynamischen Verlauf der emotionalen Reaktion entgegen. Wenn ich mich als Buddha sehe, mich also nicht mit meinen emotionalen Reaktionen identifiziere, sondern mit meiner Gesamtpersönlichkeit, dann wird die emotionale Reaktion nicht in den Gedächtnisspeicher aufgenommen und kann keine negativen Folgen produzieren. Sie verliert ihren dynamischen Charakter. Mein Ich wird von der Aggression nicht berührt.

Die *Auflösung des begrifflichen Denkens* ist ungemein wichtig, weil nur so unsere neurotischen Tendenzen zum Stillstand kommen. Sie tritt dann ein, wenn wir das Zentrum unserer Selbst-Identifikation vom Prozess des analytischen Denkens, wo es im Normalfall verankert ist, ab- und der Beobachterrolle zuwenden, was den Zustand der Bewusstheit einleitet.

Auch hier ist festzustellen, dass die Selbst-Identifikation mit dem begrifflichen Denken dynamischen Charakter besitzt, wohingegen die Identifikation mit der Beobachterrolle zu einer statischen Repräsentation im Gehirn führt.

Das ist, als würde die psychische Energie, die sich in unserer Alltagswahrnehmung auf den Prozess des begrifflichen Denkens konzentriert, der aus diesem Grund selbsterhaltend wirkt, sich plötzlich auf etwas anderes richten - auf die Beobachterrolle - und den Denkprozess so seiner Energie berauben.

Natürlich behält das geistige Areal, in dem sich die Selbst-Identifikation des Individuums abspielt, genügend psychische Energie, um aktiv zu bleiben. Von den anderen Feldern hingegen wird Energie abgezogen, so dass diese inaktiv werden.

Das Stadium der Bewusstheit ist also ein recht komplexer und deshalb umso wichtigerer Prozess, der den Zweck hat, uns vor der Neurose, in weniger gravierenden Fällen auch vor der Therapie zu bewahren.

Es ist kein Zufall, dass die alten Kulturen – vor allem die östlichen, die heute noch von einer eher ländlichen, handwerklich orientierten Lebensweise geprägt sind und in denen es neurotische Tendenzen zumindest gegeben haben muss, sonst hätte man wohl kein so ausgefeiltes Abwehrsystem entwickelt – den Zustand der Kontemplation nutzen, um der Unzufriedenheit im Alltag entgegenzuwirken. Tatsächlich sind in diesen Kulturen Neurosen weit weniger verbreitet als in unseren. Wer je Asien bereist hat, von Indien bis Indonesien, von Thailand bis China, wird bemerkt haben, dass dort ein sehr viel entspannteres Lebensgefühl vorherrscht, dass die Menschen viel öfter lächeln. Und dies, obwohl die meisten Menschen dort sehr viel ärmer sind als wir und weit mehr Probleme haben, ihr Überleben zu sichern[74].

Auch innerhalb der italienischen Kultur existiert eine

74 Allgemein betrachtet sind die Armen immer glücklicher als die Reichen. Unglaublich, aber wahr. Vielleicht ist dies ein subtiler Racheakt der Natur. Umso unglaublicher ist es vor diesem Hintergrund, dass die Armen alles tun, um Reichtum zu erwerben

Enklave, in der solch archaische, möglicherweise aus dem Osten importierte Verhaltensweisen dem Ansturm der Moderne nach wie vor standhalten: die Lebensphilosophie der Neapolitaner. Der Neapolitaner objektiviert typischerweise den Zustand seiner Seele und seines Ich, indem er ihn Gott und der Welt anvertraut. Dabei handelt es sich um einen echten Prozess der Selbstbeobachtung und folglich der Bewusstheit. Das erklärt vermutlich die entspannte Haltung der Neapolitaner sämtlichen Anforderungen gegenüber, die Menschen anderer Prägung, vor allem Norditaliener, an sie stellen[75].

und folglich unglücklich zu werden – während die Reichen Himmel und Hölle in Bewegung setzen, um ihre Güter zu behalten oder möglichst noch reicher zu werden. Da versteh' einer die Welt.

75 Wenn Sie es geschafft haben, sich das ganze Kapitel reinzuziehen, ohne vom Rettungswagen wegen fortgeschrittener Migräne im letzten Stadium in die Notaufnahme gebracht worden zu sein, dann dürfen Sie jetzt bei einem Gewinnspiel mitmachen. Teilnahmeberechtigt: Alle Leser, welche die Lektüre von Giacobbes fürchterlichem Kapitel »Das bewusste Bewusstsein: Theoretischer Teil« ohne Schaden an Leib und Leben überstanden haben. Bei der mit Sicherheit geringen Anzahl der Teilnehmer erübrigt sich eine Ziehung der Gewinner, da die Preise für alle reichen. Apropos Preis: Zu gewinnen ist eine Reise (ohne Rückfahrkarte) zu einem einsamen Eiland der Äolischen Inselgruppe. Die Organisatoren des Gewinnspiels machen die Teilnehmer jedoch vorsorglich darauf aufmerksam, dass die im Preis enthaltenen primitiven Lebensbedingungen ihnen weder zu Besorgnis noch zu Schuldgefühlen Anlass geben. Wer die Lektüre dieses Kapitels überlebt hat, wird mit jeder Situation fertig, auch mit den widrigsten Umweltbedingungen.

Anhang

# Was soll ein armer Neurotiker möglichst obsessiver Prägung tun, um sein Hirnwichsproblem in den Griff zu bekommen?

## Das Mantra

Ich darf Sie, liebe/r NeurotikerIn, zu diesem Anhang willkommen heißen, der einzig und allein für Sie geschrieben wurde[76].

Wenn Ihr Gehirn von all der Hirnwichserei schon ganz matschig ist, dann ist dies Ihr Kapitel! Die anderen, jetzt kann ich es Ihnen ja sagen, nützen Ihnen

76 Unter all jenen, die klug genug waren, das vorhergehende Kapitel zu überspringen und gleich zum Anhang überzugehen, werden zwei Wochen Ferien in einem der zahlreichen Häuser des Club Méditerranée verlost. Dort finden sie Trost in der Tatsache, dass sie mit ihrer Neurose nicht allein sind, sondern dass es wenigstens ein paar Tausend andere Betroffene gibt. Um an der Verlosung teilzunehmen, schicken Sie bitte Ihren Lebenslauf und ein jüngeres Foto (zumindest nicht älter als zwanzig Jahre) an: den nächstgelegenen Singles-Club.

sowieso nichts[77]. Denn wenn Sie von der Hirnwichserei gänzlich aufgesogen werden, haben Sie nicht die geringste Chance, den Gedankenstrom anzuhalten. Sie können ihn nur in eine weniger gefährliche Richtung lenken. Sie müssen sich das in etwa so vorstellen, als hielte ein zu allem entschlossener Terrorist Ihnen die Pistole an die Schläfe: So einen Menschen können Sie nicht davon überzeugen, dass dies nur sinnlose Aggression ist. Sie können höchstens versuchen, sich im entscheidenden Moment zu ducken, damit der Schuss Ihre/n Nebenmann/-frau trifft.

Wenn Sie also schon NeurotikerIn sind, wenn Sie darüber hinaus noch zu den obsessiven NeurotikerInnen (meinen Lieblingen) gehören, dann bleibt Ihnen nur ein Weg: der des Mantras.

Ein Mantra ist ein beliebiges Wort, das gewöhnlich aus zwei Silben besteht und so lange wie möglich wiederholt wird – mit lauter Stimme oder im Geist[78].

---

77 Ich hoffe sehr, dass der Masochist, der Zeile für Zeile das ganze Buch gelesen und dabei wie ein Hund gelitten hat, jetzt einen saftigen Orgasmus bekommt.

78 Die Wiederholung eines Mantras mit lauter Stimme erleichtert zwar die Konzentration, hat aber den Nachteil, dass sie mit dem Atem abgestimmt werden muss. Während des Einatmens ist es nämlich unmöglich, ein Wort klar auszusprechen. Dem begegnet man meist dadurch, dass man die Einatmung verkürzt, was wiederum das rhythmische Gleichgewicht der Atmung stört. Außerdem kann man so nur an bestimmten Orten

Die Technik des Aufsagens von Mantren ist uralt. Wir finden sie in nahezu allen religiösen Traditionen, auch der schamanischen.

Auch das Christentum kennt Mantren: das Gebet, das ständig wiederholt wird, der Rosenkranz und die Litanei stellen ein klassisches Beispiel für mantrische Techniken dar.

Was kann diese Technik nun zur Linderung unserer Neurosen beitragen? Sie zieht die Energie gleichsam von der obsessiven Beschäftigung mit dem Wahrnehmungsobjekt ab, welche Grundlage unserer Neurose ist, und wendet sie einem neutralen Objekt zu, bis sich

praktizieren, wo man entweder nicht gehört wird oder sich nur Leute aufhalten, die ebenfalls Mantren rezitieren wollen. Das bedeutet, dass die Meditation auf ganz bestimmte Situationen beschränkt bleibt, wenn Sie nicht per Zwangseinweisung in der Nervenklinik landen wollen. Die stille Wiederholung des Mantras ist schwieriger aufrechtzuerhalten, kann aber auf Grund des Fehlens oben erwähnter Nachteile an jedem Ort und in jeder Lebenslage praktiziert werden, also auch während man seinen alltäglichen Verrichtungen nachgeht. Die spirituellen Traditionen, bei denen das Wiederholen von Mantren eine Rolle spielt, nutzen normalerweise beide Möglichkeiten. Religiöse Traditionen, bei denen das Aufsagen des Mantras meist in einem rituellen Kontext stattfindet, bevorzugen das laut ausgesprochene Mantra. Laizistische Traditionen, beispielsweise Yoga, setzen hingegen mehr auf die Wiederholung im Geist. Häufig wird das laute Aufsagen des Mantras ohnehin zu einem Murmeln abgeschwächt, und man geht früher oder später zur mentalen Wiederholung über.

die obsessive Energie erschöpft, weil sie ihre Wurzel verloren hat.

Wenn Sie von einem immer wiederkehrenden Gedanken bedrängt werden, befindet Ihr Gehirn sich in einem Zustand neurotischer Überreiztheit. Aus diesem Grund wiederholt es diesen Gedanken ständig. Das ist ein echter Teufelskreis: Immer wenn Sie diesen Gedanken wahrnehmen, löst er in Ihnen Spannung aus. Damit aber steigt der Zwang, ihn zu wiederholen. Seine reproduktive Kraft nimmt zu und er zeigt sich stärker als vorher. Auf diese Weise nimmt die Obsession ständig zu. Sie erhält sich selbst und wird dabei immer dicker und größer.

Dies ist einer der übelsten Fallstricke, welche der Schöpfer erfunden hat. Neben den schwarzen Löchern und dem teuflischen Mechanismus, der uns zunehmen lässt, wenn wir mehr essen, und der uns wiederum mehr essen lässt, sobald wir zugenommen haben. Eine Art Kurzschluss im Gehirn, der beim Automaten »Mensch« durchaus zum Durchbrennen aller Sicherungen führen kann.

Doch indem Sie ein Mantra rezitieren, lenken Sie die obsessive Energie auf ein neutrales Objekt. Die Wahrnehmung dieses Objekts verursacht keine innere Spannung. Damit aber wird der Obsession ihre energetische Grundlage entzogen. Indem wir unsere Gedanken auf ein neutrales Objekt richten, legen wir den Affen an die

Kette und verhindern so, dass er weiter von Ast zu Ast hüpft[79].

Die neurotische Obsession zu beseitigen, kann geraume Zeit in Anspruch nehmen. Es kann Monate dauern, Jahre, aber auch ein ganzes Leben. Je nachdem, wie viel obsessive Energie angesammelt wurde. Im Allgemeinen jedoch zeitigen Bemühungen seitens des Neurotikers gute Ergebnisse und haben den unbestreitbaren Vorteil, dass sie leicht einzuleiten sind: Wenn ein obsessiver Neurotiker die Technik der obsessiven Wiederholung anwendet, hat er dabei vermutlich wenig Probleme und viel Spaß[80].

---

79 In der indischen Tradition wird das Denken genauso bezeichnet: *cheetah*, was wörtlich Affe heißt. Können Sie sich an Cheetah erinnern, die Schimpansin von Tarzan? Das war eine Fangfrage: Denn wenn Sie noch Tarzanfilme gesehen haben, müssen Sie ja uralt sein! Und in diesem Alter holen Sie sich noch mental einen runter? Ts, ts, ts.

80 Die systematische Mantra-Praxis wird im Besonderen in zwei Schulen angewendet, die heute im Westen großen Zulauf finden: Die Soka Gakkai, die im 13. Jahrhundert von Nichiren Daishonin, einem buddhistischen Mönch aus Japan, gegründet wurde. Dort wiederholt man das Mantra: *Nam myoho renge kyo* (Verehrung dem Sutra des Lotos des guten Gesetzes). Siehe dazu: Daisaku Ikeda: *Das Rätsel des Lebens*, München (2) 2003; Internet: sgi-d.org. Und die Transzendentale Meditation, die von Maharishi Mahesh Yogi propagiert wird. Bei der TM verwendet man personalisierte Mantren. Siehe dazu: Schachinger, W., Schrott, E., *Gesundheit aus dem Selbst – Transzendentale Meditation*, Bielefeld 1999, Internet: www.maharishi.de

## Das Mantra ohne Bedeutung

Jedes Wort kann zum Mantra ohne Bedeutung werden. »Coca-Cola« zum Beispiel funktioniert hervorragend. Wer das Gegenteil behauptet, ist voreingenommen und stellt tendenziöse Behauptungen auf[81].

Was also sollst du, liebe/r obsessive/r NeurotikerIn (meine bevorzugten Problemfälle), jetzt tun? Wie ein/e Irre/r »Coca-Cola, Coca-Cola, Coca-Cola, Coca-Cola ...« wiederholen.[82] Ist doch ganz leicht, oder?

---

81 Das Unternehmen Coca-Cola hat mir, um in meinem Buch Schleichwerbung betreiben zu dürfen, 12 Dosen ihres Produktes gratis angeboten. Bei Pepsi hingegen teilte man mir mit, dass dieses alberne Werk ohnehin keinerlei Erfolg haben würde, und ließ nicht eine einzige Dose springen. Wenn ihr Coca-Cola-Trinker seid und Pepsi also euer natürlicher Feind ist (Gibt es so etwas überhaupt?), dann hätte ich einen glänzenden Vorschlag für euch: Kauft ein paar Dutzend Exemplare dieses Büchleins und schenkt sie Pepsi-Konsumenten. Auf diese Weise könnt ihr der multinationalen Pepsi-Mafia die Stirn bieten und sie vielleicht sogar in den Bankrott treiben. Aber nur, wenn ihr wirklich viele kauft! Ist das nicht eine bildschöne Hirnwichserei?

82 Ich schlage vor, Sie tun das nicht mit lauter Stimme, damit Sie sich nicht unversehens in der Aufnahmestation einer Nervenklinik wieder finden, was ja nun nicht unbedingt der ideale Ort ist, um ein für alle Mal Schluss zu machen mit der vermaledeiten Hirnwichserei. Außerdem bekommen Sie in der Nervenklinik kein Coca-Cola. Höchstens Kamillentee.

Wie lange? Für immer und ewig[83]. Bis Sie aufhören, an Ihre Obsession zu denken und stattdessen obsessiv das Mantra wiederholen.

»Was ist denn das für ein Unfug?«, werden Sie jetzt fragen. »Ich soll also eine Obsession durch eine andere ersetzen?« Genau. Sie legen eine schädliche Obsession ab, um sich eine neutrale zuzulegen.

Ihr Neurotikergehirn ist schließlich an einen hohen Energieverbrauch gewöhnt – diese Energie zieht das Gehirn aus anderen Regionen des Organismus ab; daher fühlen Sie sich so häufig körperlich total erschöpft. Aus diesem Grund kann es nicht so einfach zu einem niedrigen Normalverbrauch übergehen. Es braucht Zeit, um seinen Aktivitätspegel zu senken. Da-

83 Eine tägliche »Sondersitzung«, bei der Sie sich gemütlich in Ihren Lieblingssessel setzen, sich entspannen und laut oder leise Ihr Mantra wiederholen, ist allerdings jedem eingefleischten Neurotiker dringend anzuraten. Dazu kommt noch die dauernde Wiederholung des Mantras während Ihrer alltäglichen Verrichtungen. Allerdings sollten Sie für einen Augenblick innehalten, wenn Sie die Straße überqueren, um nach rechts und links zu gucken. Nicht dass da plötzlich ein Lastwagen aus dem Nichts schießt ... Und sei es nur, um dem Schicksal nicht die Genugtuung zu geben, dass Ihr eigentlich verzweifelter Fall sich doch so simpel lösen ließ. Für einen Neurotiker im Anfangsstadium mag die Wiederholung des Mantras im Geiste während seiner Alltagsgeschäfte durchaus genügen. Wenden Sie sich auf jeden Fall an einen Spezialisten. Auch wenn ich nicht wüsste, wer da außer mir noch in Frage käme.

her hat es durchaus Sinn, ihm eine ähnlich intensive Beschäftigung zu geben, die sich jedoch nicht zum Perpetuum mobile entwickeln kann, weil sie nicht selbsterhaltend ist. Dann nimmt die Spannung stufenweise ab.

Das hört sich bescheuert an, aber es funktioniert tatsächlich.

Wenn Sie das Mantra bis zum Erbrechen wiederholt haben, so dass es für Sie eine Art geistiger Zufluchtsort geworden ist, an dem Sie sich so lange aufhalten können, bis Ihre Obsession Sie loslässt, dann können Sie zu jenen Techniken übergehen, die in Kapitel 6 beschrieben werden. Mit deren Hilfe können Sie dann die Gewohnheit der Hirnwichserei ganz ablegen. Sogar die der mantrischen Hirnwichserei[84].

---

84 Der neurotische Leser, der mit seinen Obsessionen und Ängsten kämpft, darf an dieser Stelle zu Kapitel 6 zurückblättern, um es ganz zu lesen. Dann sollte er sich noch Kapitel 7 vornehmen und wieder hierher zurückkehren, um das Buch zu Ende zu lesen, wie es sich gehört. Der depressive Leser hingegen – wenn an diesem Punkt nicht schon alle depressiv geworden sind! – sollte zuerst den folgenden Abschnitt lesen, der ihm im Besonderen gewidmet ist. Dann kann er den Anweisungen für Phobiker folgen. Um wenigstens nicht sagen zu können, er sei ja immer der Dumme!

## Das Mantra mit Bedeutung

Leiden Sie hingegen an einer depressiven Neurose – was wirklich schwierig ist, denn in diesem Fall würden Sie dieses Buch erst gar nicht lesen: Warum sollte ein depressiver Mensch ein Buch lesen? Und dann noch eines wie dieses, bei dem er sich noch mieser fühlt als sonst – dann nützt Ihnen die oben beschriebene Mantra-Technik nicht viel. Sie verfügen ja nicht über die obsessive Energie, mit der Sie den Prozess ins Laufen bringen könnten.

In bestimmten Fällen allerdings kann die Technik des *bedeutungstragenden* Mantras nützlich sein, vor allem, wenn es religiöse Wurzeln hat. Ein/e brave/r Depressive/r hofft nämlich immer, dass ihm/ihr jemand zu Hilfe kommt und ihn/sie aus diesem Zustand erlöst. Denn es ist typisch für die Depression, dass man selbst nichts tut, sondern wartet, bis andere einen erlösen. Wenn der edle Ritter dann auch noch der Schöpfer selbst ist, dann stehen die Chancen doch bestens, oder?

Das bedeutungstragende Mantra fügt zur zunächst einmal rein mechanischen Funktionsweise des Mantras noch die Kraft der *Suggestion* hinzu.

Wenn Sie statt »Coca-Cola« ständig »Mein Gott« rezitieren, schaffen Sie im Unbewussten die Erwartung, dass der Schöpfer Ihnen in Ihrem entsetzlichen Unglück, in Ihrem wirklich außergewöhnlichen Fall von entsetzlichem, Schrecken erregendem, grauenhaftem

Unglück, der das Universum erschüttern würde, wenn nur jemand davon wüsste, zu Hilfe eilen wird[85].

Wenn Sie daran glauben, funktioniert es. Wenn nicht, dann natürlich nicht[86]. In diesem Fall sollten Sie

---

85 Ich schmiere jedem Depressiven Honig ums Maul und erkläre ihn zu einem wirklich außergewöhnlichen Pechvogel, seit ich als blutiger Anfänger ohne jede Erfahrung und im festen Glauben an die Macht des gesunden Menschenverstandes – wie man sieht, ist dieser auch nicht immer angebracht, ja mitunter sogar höchst gefährlich! – einmal einem Depressiven gesagt habe, sein Fall sei keineswegs einzigartig und es gebe Menschen, die noch viel mehr litten als er. Daraufhin beschimpfte dieser mich als Volltrottel. Und er hatte Recht. Schließlich habe ich ihm die einzige Genugtuung genommen, die ein Depressiver noch hat: sich für den absoluten Sieger zu halten, für Miss oder Mister Universum im Unglücklichsein. Denn auf diese Weise stellt er die Integrität des Ich wieder her. Seitdem vertraue ich jedem Depressiven im Geheimen an (Erzählen Sie das bitte nicht weiter, sonst ist mein Ruf dahin!), dass der Schöpfer meiner ganz persönlichen Überzeugung nach die Welt nur geschaffen hat, um ihn oder sie an den Rand der Verzweiflung zu treiben. Dies ist eine völlig neue Position in der metaphysischen Frage nach dem letzten Grund für die Existenz der Welt, die in der Philosophiegeschichte noch nicht ausreichend Berücksichtigung gefunden hat.

86 Im Übrigen gilt dies natürlich auch für andere Formen der Therapie. Was wiederum den schlagenden Erfolg von Magiern, Hexen, Kartenlegern, Astrologen, Zauberern und anderen Alternativtherapeuten erklärt. Aber in vielen Fällen auch den der normalen Mediziner und Psychotherapeuten, deren Anstrengungen mitunter weit weniger überzeugend wirken als die Therapien, die für die Leichtgläubigen unter uns geschaffen wurden. Und zwar aus dem vorgenannten Grund.

Ideale wiederholen, an die Sie tatsächlich glauben. Zum Beispiel: »Liebe und Harmonie«[87].

Auch der Name eines verstorbenen Menschen[88], dem Sie sehr verbunden waren, kann starke Suggestivwirkung haben. Das gilt auch für den Namen von Menschen, die weit weg von Ihnen sind. Beides eignet sich hervorragend als bedeutungstragendes Mantra.

Das bedeutungstragende Mantra ist die Wurzel aller religiösen Rituale, auch im Christentum. Dass es wirkt, steht völlig außer Frage. Der Mechanismus ist immer derselbe. Sie richten Ihr Denken auf etwas, das Sie nicht stört oder Sie sogar glücklich macht. Das reli-

---

87 Dieses Mantra möchte ich Ihnen vorschlagen, wenn Sie keine besonders schwere Neurose haben und sich folglich für völlig gesund halten. Stellen Sie sich vor, dass Sie beim Einatmen das ganze Universum in sich aufnehmen und es in Ihrem Innern neu ordnen. Alle Konflikte, alles Leid verschwindet. Sie versetzen es in einen Zustand vollkommener Harmonie. Beim Ausatmen stellen Sie sich vor, dass Sie Licht oder die Wärme der Liebe hinaus in die Welt strömen lassen, bis diese ganz davon erfüllt ist. Wenn Sie diese Übung lange genug machen, sagen wir mal mindestens einen Monat mit täglichen halbstündigen Sitzungen, dann werden Sie sich bald in vollkommener Harmonie mit anderen Menschen fühlen. Sie werden sich von bedingungsloser Liebe durchströmt fühlen. Bevor Sie diese Übung machen, sollten Sie sich allerdings fragen, ob Sie das auch wirklich wollen, Sie brutale/r EgoistIn, Geizkragen, Klatschmaul oder was es da sonst noch gibt!

88 Allerdings nur, wenn Sie das Trauma des Verlustes bereits verarbeitet haben.

giöse Mantra macht deshalb glücklich, weil man ihm Wunderkräfte zuschreibt. Auf diese Weise verhindern Sie, dass es sich mit Objekten beschäftigt, die Sie stören oder unglücklich machen.

Das bedeutungstragende Mantra hat den klaren Vorteil, dass es sich auch bei nichtobsessiven Neurosen einsetzen lässt, zum Beispiel bei der Angststörung oder – wie ich bereits erklärt habe – bei der depressiven Störung. Das liegt daran, dass das bedeutungstragende Mantra nicht nur einen Kurzschluss im Gehirn herstellt, sondern dass dieser Kurzschluss auch noch die »Kräfte des Guten« beschwört. Dabei werden positive Verbindungen zu anderen neuronalen Schaltungen gelegt, in denen keine überschüssige Energie zirkuliert. Die angenehmen Empfindungen, die damit verbunden sind, wirken spannungsreduzierend.

Sobald die allgemeine Spannung sinkt und Sie ein normaler Mensch mit normalumfänglicher Hirnwichserei geworden sind, also ein ganz normales unglückliches Wesen, können Sie zu den Techniken übergehen, die ich in Kapitel 6[89] vorgestellt habe. Dabei geht es um

89 Oder vielmehr vorstellen werde, denn wenn Sie zuerst den Anhang gelesen haben, liegt Kapitel 6 ja noch vor Ihnen. Haben Sie das allen Ernstes getan? Vorsicht mit der Antwort. Sie werden überwacht. Und wenn Sie sich überwacht fühlen, dann sind Sie ohnehin ein unverbesserlicher Hirnwichser! Dies ist eine Kontrolle Ihres Lektüreverhaltens. Die Lektüre folgt ja, wie

die Bewusstheit, eine Sonderfunktion der Psyche bzw. des Gehirns, die nur dann auftritt, wenn es keine übermäßigen Spannungen gibt. Es handelt sich also eher um eine vorbeugende als um eine therapeutische Maßnahme[90].

Sie vermutlich bereits bemerkt haben, dem System der Schnitzeljagd. Diesen Trick habe ich angewandt, um Sie am Einschlafen zu hindern, wo doch das Buch an sich dazu nicht die geringste Chance bietet.

90 Diejenigen, die meinen Lektürevorschlägen gefolgt sind, also zuerst den ersten Teil von Kapitel 6, dann diesen Anhang, dann den zweiten Teil von Kapitel 6 gelesen haben, zu Kapitel 7 weitergeblättert haben und dann wieder zu den letzten Seiten dieses Anhangs zurückgekehrt sind, kann ich nur sagen: Alle Achtung! Sie dürfen am schönsten Gewinnspiel in diesem Buch teilnehmen, das Preise auslobt für all »Jene, die verrückt genug waren, dieser irren Schnitzeljagd in Giacobbes Buch zu folgen«. Füllen Sie eine Postkarte aus – es kann auch eine Ansichtskarte von Neapel sein – und schicken Sie sie an den Verlag. Alle Teilnehmer gewinnen noch ein Exemplar dieses Buches. (Anders nämlich als bei den üblichen Gewinnspielen gibt es hier keine Ziehung. Jeder Teilnehmer gewinnt. Wer den Preis kennt, wird verstehen, dass ich mit wenigen oder gar keinen Teilnehmern rechne.) Ich habe mit dem Verleger gesprochen und ihm gesagt, dass ich nicht mit Teilnehmern rechne, denn wenn jemand überhaupt dieses Buch kauft, wird er alles tun, um zu vermeiden, dass man ihm noch ein zweites aufdrängt, doch der Verlag hat mich quasi gezwungen, dieses Gewinnspiel aufzunehmen, weil er sonst die bereits gedruckten Exemplare nicht los wird. Wenn Sie etwas gegen Verlage haben (Und gegen Ver-

## Begegnungen

Hohe Palmen überragen den Platz, der von einer gepflegten Hecke und verschiedenen Blumen umsäumt wird. Überhaupt ist die Bepflanzung vorzugsweise tropisch, passend zum mediterranen Klima. Die kleineren Kinder schreien und laufen herum, schubsen sich gegenseitig und wälzen sich dann lachend im Gras. Die größeren spielen Fußball. Sie haben ihre voluminösen Windjacken und ihre Schulranzen an strategisch wichtigen Punkten platziert, um damit die Torpfosten zu markieren.

Der Park liegt am Meer. Eine frische Brise trägt den Geruch von Algen und Salz herein. Eine Möwe schreit, während sie tief über einen der Wellenbrecher segelt, die direkt unterhalb des Mäuerchens aufgetürmt sind, das den Park vom Meer trennt.

lage hat doch heutzutage jeder etwas, warum also nicht auch Sie?), dann sollten Sie jetzt die Gelegenheit ergreifen, wenigstens einem einen ordentlichen Streich zu spielen: Kaufen Sie so viele Exemplare dieses Buches wie möglich. Legen Sie sie auf Parkbänken aus, in den Wartesälen großer Bahnhöfe und kleiner Zahnarztpraxen - wo man so ziemlich alles liest, nur um sich nicht mit der gegenwärtigen Realität auseinander setzen zu müssen - oder schenken Sie sie Ihren besten Freunden. So können Sie ihnen sagen, dass Sie sie für Vollneurotiker halten, ohne dass Sie dieses Wort in den Mund nehmen müssen. Was bei einem Neurotiker immer ein bisschen mit Gefahr verbunden ist. Außerdem kriegt der Verleger hundertprozentig einen richtigen Wutanfall. Wäre das nicht lustig?

Groß ist der Park. Gewundene Wege durchschneiden ihn in alle Richtungen. Ganz am Ende liegt der Rosengarten, üppig und gepflegt. Ein alter Herr kommt die Straße herauf – mit sicherem, wenn auch langsamem Schritt. An der Hand hält er ein kleines Kind. Auf einer Bank sitzt eine junge Mutter und betrachtet versonnen ihr schlafendes Baby im Kinderwagen.

Der Frühling lässt die Knospen aufbrechen. Seine Wärme verströmt sich im ganzen Park, gespeist von den Strahlen der frühen Sonne.

Die Meeresbrise durchweht den Garten. Doch statt des Salzgeruchs führt sie den Duft der Magnolien mit sich. Die Nase saugt gierig den intensiven süßen Geruch ein.

Ein Eichhörnchen sitzt aufrecht in einem der Blumenbeete und beobachtet den Park. Zwischen den Pfoten hält es eine Eichel.

Der Mann ist etwa fünfundsechzig Jahre alt, wirkt aber jugendlich. Dichtes schwarzes Haar und ebensolche Augenbrauen. Er ist untersetzt, von eher gedrungener Statur, aber kräftig gebaut und gut gekleidet. Man sieht, dass er eher zu den Wohlhabenden gehört. Vermutlich Berufssoldat. Er bewegt sich ruckartig, so als müssten seine weichen Glieder ab und an eine ungeheure Spannung loswerden. Wie die Eichhörnchen um ihn herum, die ganz still sitzen, um dann mit weiten Sprüngen von Ast zu Ast zu hüpfen. Wenn er erzählt, berichtet er von seiner Frau. Die er nicht vergessen kann, obwohl die Ehe nun schon seit acht Jahren geschieden ist. Sie hat ihn verlassen. Und auch wenn sie es nie zugegeben hat, so meint er doch zu wissen, dass es dabei um einen anderen Mann ging.

Er hat die Trennung nie ganz akzeptiert. Für ihn ist sie immer noch seine Frau. Jetzt überwacht er sie. Er verfolgt sie und spioniert jede ihrer Bewegungen aus. Wenn er sie mit einem anderen Mann überraschen würde, so meint er, wäre für ihn alles aus. Allein der Gedanke, dass sie einen anderen haben könnte, dass er nicht mehr der Mann ihres Lebens wäre, lässt tiefe Niedergeschlagenheit in ihm hervorbrechen. Und eine unbezähmbare Wut.

Er habe Angst, eine Dummheit zu begehen.

Das Eichhörnchen steckt die Eichel ins Mäulchen und hüpft munter zur nächsten Eiche weiter. Dort läuft es blitzschnell den Stamm hinauf und verschwindet flink im dichten Laub.

Von irgendwoher erklingen Glocken zum Mittagsgeläut. Die Luft ist vom Duft des Jasmins, des Oleanders, der Rosen erfüllt. Die Brise hat sich gedreht. Nun kommt sie die Berge herab.

Die Kinder sind verschwunden. Auch die Erwachsenen haben sich auf den Heimweg gemacht. Der Park liegt nun in tiefer Stille. Nur der gelegentliche Ruf einer Möwe erinnert daran, dass das Leben draußen voller

Bewegung ist. Im Park hingegen ist alles wie gebannt. Still stehen Zeit und Raum in dieser Ewigkeit aus Licht und Farben, die in Grün, Rot und Weiß erstrahlt.

Auch die Düfte stehen unbeweglich in der Luft, die kein Windhauch bewegt.

Die Landschaft glüht unter der sommerlichen Sonne. Das blendend helle Licht des frühen Nachmittags ergießt sich über die Bäume, die Wiese, den Bach, ohne viel Schatten zu geben. Der Himmel ist erfüllt vom Zwitschern der Vögel, die sich rund um das Fünfeck jagen – in einem harmonisch choreografierten Zusammenspiel.

Das Zirpen der Grillen und Heuschrecken, das Rauschen des Baches setzen den Kontrapunkt. Mit ihrer Musik erfüllen sie die Stille dieses Nachmittags auf dem Land in einem fröhlich-leidenschaftlichen Konzert.

Ein kleiner Vogel taucht aus dem dichten Laubschirm eines Baumes auf und schwingt sich auf seinen winzigen Flügeln immer höher in den Himmel hinauf, bis er dem Auge entschwindet, das sich, vom weißen Licht der Sonne längst geblendet, schließt.

Sie ist vielleicht fünfundzwanzig Jahre alt. Langes, schwarzes Haar und dunkle, funkelnde Augen. Ihr Gesicht formt ein perfektes Oval. Die Stirn hoch und weit. Sie hat ausdrucksvolle Wangenbogen. Augen und Mund stehen weit auseinander. Das Kinn ist klein und graziös. Ihr Körper ist mager und angespannt - wie der eines Tieres auf der Flucht. Bekleidet ist sie mit Blue Jeans und einem grauen Sweatshirt mit schwarzweißem Panda-Logo auf der Brust; sie trägt weißrote Laufschuhe.

Und sie hat Angst. Dauernd sieht sie sich um, als würde sie verfolgt. Ihre Augen ruhen nie länger als zwei Sekunden auf einem Punkt. Die Worte schießen aus ihrem Mund wie die Salve aus einer Maschinenpistole. Hart und ohne Pause. Ohne Nachdenken. Unnatürlich schnell. Sie stolpern übereinander, verhaken sich, sind kaum zu verstehen.

Als sie zwölf Jahre alt war, so erzählt sie, versuchte ihre Mutter Selbstmord zu begehen. Sie habe einen Geliebten gehabt, der zehn Jahre jünger gewesen sei als sie. Sie wollte nicht mehr bei ihrem Mann bleiben.

Bis heute hat das Mädchen seiner Angst noch nie freien Lauf gelassen. Sie lebt in der Furcht, ihre Mutter könnte es wieder versuchen.

Immer wenn sie nach Hause komme, male sie sich aus, ihre Verwandten in Tränen vorzufinden, versammelt um das Bett der toten Mutter.

Ein anderer Vogel taucht aus dem Laubdach der Bäume auf. Ein wahrer Sturm an wilden, kleinen Vögeln folgt ihm. Der rhythmische Laut der schlagenden Flügel legt sich über das Zirpen der Grillen, die mit einem Mal innehalten.

Die rhythmische Kadenz des Vogelschwarms entfernt sich immer weiter, bis sie schließlich verstummt.

Erneut legt sich Stille über die Landschaft und nimmt ihren angestammten Platz ein.

Sogar das Rauschen des Baches scheint leiser zu werden. Einen Augenblick lang hält die Welt den Atem an. Kein Laut. Keine Zeit.

Der Platz ist groß und rund. In der Mitte schleudert ein Brunnen große Fontänen nach allen Seiten. Ausländische Pärchen umringen ihn, gekleidet in grelle Farben. Sie sprechen unbekannte Sprachen, lachen aus unerfindlichem Grund und erfüllen die ganze Piazza mit ihrer Fröhlichkeit.

Um den Platz herum fahren Autos. Schnell und ohne anzuhalten. Ihr Hupen will nicht so recht passen zum sanften Schlagen der Taubenflügel, die sich aufschwingen, wann immer ein Kind auf den Schwarm zuläuft.

Die Frau ist zweiunddreißig Jahre alt. Sie hat ein hageres Gesicht, das an eine Maske aus nordischen Ländern erinnert. Doch Haare und Augen sind tiefschwarz und deuten eher auf die Mittelmeerregion hin. Vielleicht

Nordafrika. Auch ihre Haut ist dunkel. Ihr trockener, harter Körper wirkt wie von der Sonne getrocknetes Dörrfleisch. Ihr Mund verzerrt sich in einer zynischen Grimasse voller Aggressivität und Wut.

Sie berichtet, dass sie schon als Kind von ihrer Familie und den Leuten im Dorf als »anormal« betrachtet wurde. Als Ausgestoßene. Ihre früh und drängend sich zeigende Sexualität galt als Schande, als Sünde, als Verbrechen. So fühlte sie sich ständig schmutzig. Und schuldig. Jetzt habe sie die Heuchelei, die Repression, die Grausamkeit der Gesellschaft satt. Sie fühle sich verfolgt, gemartert, angegriffen, gequält. Aus diesem Grund überschreite sie alle Grenzen. Wann immer ihr dies möglich sei. Ihr Leben ist ein dauernder Kampf gegen eine dumme und ungerechte Gesellschaft.

Der Strom der Autos rund um die Piazza ist wie ein Fluss ohne Geschichte, ein anonymer Fluss, der seine Bewegung in unausgesetzter Wiederholung gleichsam einfriert.

Die Tauben sind auf das gepflasterte Fleckchen rund um den Brunnen zurückgekehrt. Mit wiegenden Bewegungen picken sie nach dem Popcorn, das der Junge ihnen zuwirft. Wie mechanische Vögel, die bis in die Unendlichkeit immer vor und zurück wippen.

Die Touristen verewigen ihre bunten Kleider und ihre zwanghaft fröhlichen Gesichter auf Zelluloid. Ihr entschlossenes Lachen bezwingt sogar das Geräusch der Hupen, das wie eine Stafette von Auto zu Auto wandert, über das gleichförmige Fließen des Verkehrs hinweg.

Das Konzert aus Stimmen, Lachsalven und Hupen vermengt sich zu einem einzigen Laut, der langsam schwächer werdend sich in der Unbeweglichkeit auflöst, die sich über die Piazza im Herzen der Stadt herabsenkt, die dort rund und vollkommen ruht wie ein lebendes Mandala.

Die Allee liegt verlassen. Beide Platanenreihen verlieren sich in der Ferne, wo die Straße winzig klein wirkt wie eine Miniatur. In ausgewogener geometrischer Komposition hat man zwischen den Bäumen in regelmäßigen Abständen Bänke platziert. Vergilbte Herbstblätter schweben in der Luft, bevor sie sich mit der Sicherheit und Erfahrung eines Segelfliegers langsam auf dem Pflaster niederlassen.

Kühl liebkost der Abendwind die Haut unter den dichten Kleiderschichten und lässt eine sanfte, prickelnde Energie fühlbar werden. Die Luft riecht erfrischend, als wäre sie mit Sauerstoff voll gepumpt. Doch die dicken, schwarzen Wolken am Horizont verkünden ein unmittelbar bevorstehendes Gewitter.

Plötzlich zuckt ein Blitz über den Himmel. Das tiefe Donnergrollen verliert sich zwischen Wolken und entlegenen Dörfern, als würde in weiter Ferne eine Schlacht geschlagen.

Der Mann ist fünfundvierzig Jahre alt. Er hat sich auf der Bank zusammengekauert wie ein lebloser Sack voller Lumpen. Sein Gesicht scheint weich nach unten auszulaufen wie eine schmelzende Wachsmaske. Der leere Blick lässt keinen Funken Leben erkennen. Weit sind die Augen in die Ferne gerichtet, als gäbe es von dort keine Wiederkehr.

Vor einem Jahr, so erzählt er, habe er noch alles besessen: ein Haus, eine Familie, einen gut gehenden Laden, ein Auto und einen schönen Verdienst. Er habe nie sparen müssen, sondern sich alles gekauft, wonach ihm der Sinn gerade stand. Jetzt aber hat die Familie ihn im Stich gelassen. Und mit ihnen verschwanden das Haus, der Laden, das Auto. Ihm seien nur Schulden geblieben.

Und doch denkt er weiterhin ständig an seine Familie, sein Haus, seinen Laden, sein Auto. An die Zeit, in der er glücklich war. Er sieht seine lächelnde, elegante Frau vor sich, sein teures Haus mit den edlen Möbeln, seinen prosperierenden Laden und sein dickes, kostspieliges Auto.

Das Leben, meint er, habe für ihn keinen Sinn mehr. Er fühle sich leer und völlig abgeschlagen. Nicht einmal zum Reden habe er Lust. Das Nichtstun mache ihm keinen Spaß, aber was solle er sonst schon anfangen?

Mittlerweile sind die dunklen Gewitterwolken näher gerückt. Sie erfüllen das ganze Firmament. Der Wind hat aufgehört. Nicht ein Lüftchen weht mehr. Nicht einmal mehr die gelben Blätter lösen sich von den Bäumen.

Wieder erhellt der grelle Lichtschein des Blitzes die Allee wie das eilige Blitzlicht eines Fotografen. Tosender Donner ertönt laut und nah. Wie die Geschütze einer Schlacht, die auf das eigene Dorf zurollen. Flucht ausgeschlossen.

Mit unerwarteter Macht prasselt der Regen los. Dicht wie eine Wand aus Wasser, die Himmel und Erde verbindet, ein reißender Strom, der aus den Wolken herabstürzt.

Wieder nimmt die Allee ihr einsames Schweigen auf. Mit heiterer Gelassenheit tut ihre Leere sich dem Regen auf.

Abenddämmerung.

Die Himmelskuppel ist tief blauviolett wie die Blüten des Immergrüns. Die Sonne färbt die Linie des Horizonts karminrot und legt einen goldenen Schleier darüber, der von einem smaragdgrünen Nichts abgelöst wird, das sich zu dunklem Pfauengrün vertieft, bevor es sich zum Blauviolett des Firmaments bekehren lässt.

In weiten Kreisen segeln die Möwen über der Meeresoberfläche dahin, ohne sich allzu weit vom Ufer zu entfernen. Mittendrin werfen sie einander schrille Schreie zu.

Die Brandung leckt an den Wellenbrechern. Rhythmisch durchbricht ihr Klang die allgegenwärtige Stille. Einer der Wellenbrecher ist von respektabler Länge. Er weist wie ein Finger weit ins Meer hinaus, teilt die kleine Bucht in zwei Hälften und bietet sich den Möwen als Sitzplatz dar. Wie weiße Tupfen sitzen sie auf dem dunklen Grund der Steine.

Die Frau ist zweiundfünfzig Jahre alt. Immer noch gut aussehend, auch wenn ihr Gesicht angesichts der vielen Zurückweisungen hart geworden ist. Die Kiefer fest zusammengepresst, richtet sie die Augen böse auf ihr Gegenüber. Vorwurf, Hass, Verachtung liegen in diesem Blick. Ihr Gesicht ist nicht weniger erstarrt. Unbeweglich, beinahe ausdruckslos, wenn man von hängenden Mundwinkeln einmal absieht. Auch der Körper wirkt steif und verknotet.

Mit durchgestrecktem Rücken hat sie sich exakt an den äußersten Rand der Bank gesetzt, die Hände im Schoß, die Knie fest aneinander gepresst, das Kinn hoch erhoben. So blickt sie aufs Meer hinaus, ohne es zu sehen, weil sie nichts von ihrer Umgebung registriert.

Sie vertraut niemandem. Wer ist denn heute noch ein wirklich anständiger Mensch? Dabei ist Anstand doch, so meint sie, das Wichtigste im Leben. Um Anstand müssten wir uns bemühen und darauf achten, dass wir ihn ja nicht preisgeben. Sie habe ja immer schon Charakter gehabt. Aber damit sei sie allein geblieben. Aus diesem Grund habe sie nie Freunde gehabt. Man ginge ihr aus dem Weg: Weil sie als Einzige Charakter habe. Die anderen Menschen wüssten das, und deshalb schämten sie sich. Wer sie sehe, spüre, dass er beurteilt werde. Und vor diesem Urteil fürchteten sich die meisten. Aus diesem Grunde gingen sie ihr aus dem Weg.

Ihr aber sei das egal. Andere Menschen interessierten sie ohnehin nicht. Nicht, wenn sie keinen Charakter haben. Sie wolle nur mit anständigen Menschen zu tun haben. Wenn es solche nicht mehr gebe, umso schlimmer. Daher sei es auch besser, Menschen zu meiden, die ihrerseits mit charakterlosen Menschen verkehrten.

Nun erfüllt dunkles Violett die Himmelskuppel, das an manchen Stellen in Schwarz übergeht. Die Sonne ist endgültig unter den Horizont geschlüpft, auch wenn ihr Lichtschein noch über der Erde liegt. Dicht an der horizontalen Linie wirkt es purpurfarben, hellt sich dann zu Granatrot auf, um sich hoch oben mit orangefarbenen und grünen Schals zu schmücken, die sich schließlich im Schwarzviolett des Firmaments auflösen.

Die Möwen haben sich zur Ruhe begeben. Brav haben sie sich auf dem langen Wellenbrecher niedergelassen, eng aneinander geschmiegt, so dass sie nun einen großen, weißen Fleck bilden, der sich hell vom schwarzen Untergrund der Steine abhebt.

Die Brandung schlägt jetzt schneller ans Ufer, auch wenn sie immer noch nach Stille klingt, stärker noch als zuvor – nach einer totalen, endgültigen Stille, der tiefen Stille der Materie, die diesen Teil der Welt vollkommen auszufüllen scheint. Himmel, Meer und Erde haben ihre Grenzen verloren und sind zu einem großen Ganzen verschmolzen: reiner Farbe.

Geschäftig gehen die Fischer am Strand ihrer Arbeit nach. Kleine, gedrungene Boote schaukeln in einer Linie am Meeresufer und lassen ihre breiten, farbigen Flanken vom trägen Rollen der Wellen liebkosen.

Alte Männer ziehen prall gefüllte, zappelnde Netze aus den Booten. Hin und wieder fliegt ein Wort zwischen ihnen hin und her. Sie reden von Dingen, die nur sie verstehen: von Fischen, vom Meer und von den Frauen.

Die Finger der Frauen hingegen tauchen emsig ein in die gewundenen Schlingen der Spitze. Ihr Redestrom fließt ohne Pause. Laut und empört flattern die Stimmen auf, um am Ende wieder zurückzusinken ins leise Wispern der Geheimnisse. Und mittendrin die schnellen Salven des Gelächters, das sich laut wie Peitschenknallen in den Abend bohrt.

Zwischen den Booten flitzen Kinder umher und feuern sich mit spitzen Rufen an. Einige sind vollkommen nackt.

Katzen liegen lang gestreckt auf den Wellenbrechern und lassen trotz der halb gesenkten Lider die mit Fisch gefüllten Netze nicht aus den Augen.

Der Himmel über dem Strand ist voller Möwen, die mit scharfem Blick das Innere der Boote absuchen, während ihr lautes Schreien die reine, lichte Luft des Morgens erfüllt.

Der Mann ist noch jung, höchstens sechsundzwanzig. Wo es die Strahlen der Sonne auffängt, nimmt sein dunkelblondes Haar ein helles Platinblond an. In den graublauen Augen spiegelt sich die strahlende Tiefe des Himmelszelts. Ein zart angedeutetes Lächeln wölbt seine Mundwinkel ein wenig nach oben, und aus dieser Wölbung sprechen Friede, Freude, Harmonie, Toleranz, Verständnis und Liebe. Als umfingen seine Augen, sein Lächeln dieses kleine Stück Erde in zärtlicher Umarmung: Strand, Boote, Netze, Alte, Frauen, Kinder, Katzen, Möwen.

Der Strom der Zeit in seinem tiefen Bett verrinnt unaufhaltsam, doch den jungen Mann ficht das nicht an. Er ist überall: an den Ufern, den Abgründen, an jedem

Strand der Welt, in jedem Stein, in jedem einzelnen Strauch. Er ist in jedem Punkt des gewaltigen Lebensstroms, der das Universum erfüllt. Damit wird dieses winzige Stück Erde zum gesamten Kosmos, in dem alles seinen Platz hat: Boote, Netze, Alte, Frauen, Kinder, Katzen, Möwen. Sie stehen für alle lebenden Wesen. Für Männer, Frauen, Tiere, Pflanzen. Und für alle Dinge. Für Steine, Wolken und Sterne. Für all das, was das Universum in den Strom der Zeit hineingeschleudert hat. Und was in seiner warmen Gischt versank, noch bevor sie erkaltete und erstarrte.

Der junge Mann sieht zu und lächelt. Sein Blick und sein Lächeln sind älter als alle Boote der Welt. Älter als alle Netze, Rentner, Frauen, Männer, Kinder, Katzen und Möwen.

In diesem Blick, diesem Lächeln wohnt die Stille des Friedens, der Freude, der Harmonie, der Toleranz, des Verstehens. Der universellen Liebe.